Für alle Lichter in meinem Leben

Nina Schöben

Travel to you

Der Weg ist das Ziel

Bibliografische Information der Deutschen Nationalbibliothek: Die Deutsche Nationalbibliothek verzeichnet diese Publikation in der Deutschen Nationalbibliografie; detaillierte bibliografische Daten sind im Internet über http://dnb.dnb.de abrufbar.

Herstellung und Verlag:
BOD - Books on Demand, Norderstedt

ISBN: 9783748178576

Prolog

Hier bin ich nun. Alleine im Urlaub. Mein bereits seit längerer Zeit gehegter Plan hat sich verfrüht. Wir sind zu zweit angereist, doch meine Freundin hat vor zwei Tagen die Heimreise angetreten. Es hat seinen Grund und auch seinen Sinn. Es ist anders gelaufen als geplant, doch es fühlt sich richtig an. Alleine sein fühlt sich richtig an. Um es konkret auszudrücken: Mit mir alleine zu sein fühlt sich richtig an. Es ist gut, es gibt mir Zeit, es gibt mir Fülle. Wunderschöne Telefonate mit meinen Herzmenschen haben mich unterstützt und mir Kraft gegeben. Sie haben mich zu einer großen und sehr wichtigen Erkenntnis gebracht:

Ich brauche mich!

Ich brauche mich um zu mir zu finden. Ich brauche mich und niemand anderen. Das bedeutet nicht, dass ich meine Freunde, Familie und neue Begegnungen nicht schätze. Doch ich brauche mich im Moment am meisten und intensivsten. Nachdenken, in mich hören. Mich selbst wieder spüren und fühlen. Mein Licht wieder an die Oberfläche lassen.

Ich liege im Hotelzimmer und schreibe diese Zeilen. Ich habe für ein paar Minuten die Augen geschlossen. Ein paar Etagen über mir Hämmert es. Renovierung. Sanierung. Ein Neuanfang. Wie passend. Ich konzentriere mich auf meinen Atem und empfinde dieses dumpfe Geräusch, das Hämmern, als sehr angenehm. Ich stelle mir vor, wie man immer mehr und mehr hämmert und gräbt, den alten Schutt, die Mauern, die Maske beiseite räumt um zum Ziel, zum Inneren zu kommen. Zum Licht. Ich nehme meine Gedanken dankend an. Ich freue mich hier zu sein. Im Hier und Jetzt. In genau diesem Leben. In meinem Leben.

Auf meiner Reise.

Kapitel 1

Meine Reise-Entwicklung

In meinen 28 Jahren bin ich schon oft gereist und habe viel von der Welt gesehen. Mit bereits drei Jahren saß ich das erste Mal im Flugzeug und freue mich noch heute jedes Mal, wenn eine Erinnerung aus meinen ersten Urlauben den Weg zurück in mein Gedächtnis und mein Herz findet. Mein „Reisen" hat sich in den letzten Jahren stark verändert und entwickelt. Die ersten Jahre meines Reise-Lebens verbrachte ich jedes Jahr 14 Tage in schicken 4-Sterne-Hotels. Beispielsweise in der Türkei, Marokko, Ägypten, auf Mallorca oder auch in der Dominikanischen Republik. Zwei Wochen Urlaub. Erholung. Erholung vom Alltag. Vom Leben. Mit nichts was am Hut haben. Wenn man möchte, kann man sich einem herrlichen Angebot an Animation und Ablenkung bedienen. Zwischendurch mal ins Wasser, Schnorcheln oder Rutschen gehen. Essen und Getränke rund um die Uhr. Sich um nichts kümmern müssen. Höchstens um die anderen Hotelgäste („Guck mal wie voll die sich den Teller schon wieder gemacht hat!") Sich mit anderen beschäftigen? Ja. Mit sich selbst? Nein.

Bitte versteh eines an dieser Stelle nicht falsch, ich bin meinen Eltern unendlich dankbar, dass sie mir diese Urlaube und die Erfahrungen, die sie mit sich brachten, ermöglicht haben. All diese Urlaube haben die Lust aufs Reisen immer größer werden lassen und sind ein Teil meines Lebens. Teil meiner Reise.

Mit Anfang 20 spürte ich jedoch, dass ich mehr wollte als das „Reisen", was mir bisher bekannt war. Mehr als stundenlang am Strand zu liegen. Mehr als Buffet-Essen und á la Carte Restaurants. Mehr als die Mauern der Hotel Anlagen. Und vor allem mehr als sich ständig mit anderen Menschen, als mit sich selbst zu beschäftigen. Im Laufe der Jahre und nach dieser Erkenntnis folgten die ersten Urlaube mit Freunden. Alleine. Ohne die Eltern. Und ohne Hotelmauern. Loslassen. Frei sein. Selbst entscheiden. Ausflüge unternehmen.

Etwas wagen, mutig sein.

Ich reiste in Länder, die mir bereits bekannt waren und merkte schnell, dass sie mir doch noch so fremd waren. Denn natürlich lernt man in den Hotels einige Einheimische und somit auch das ein oder andere Wort, die ein oder andere Geste oder auch die ein oder andere Tradition aus dem jeweiligen Land kennen. Doch das richtige Leben in diesem Land oder in der Stadt, in der man sich befand, lernte man nicht kennen.

Ein paar Jahre nach den ersten Urlauben alleine, als meine Reise zu mir selbst bereits begonnen hatte, reiste ich mit einer Freundin nach Ägypten. Für mich bereits die dritte Reise in dieses geheimnisvolle Land. Gleich zu meinen bisher bekannten Urlauben in diesem Land war, dass wir ebenfalls in einem 4 Sterne Hotel schliefen (die wir uns jedoch auch nicht nehmen lassen wollten). Anders zu meinen bisherigen Urlauben dort war, dass wir bereits im Vorfeld zwei Ausflüge gebucht hatten. Wir wollten das Land und die Stadt kennen lernen und waren uns einig, dass wir uns bewegen und nicht den ganzen Tag am Strand oder Pool liegen wollten. So kam es, dass ich jeden Tag mit einem Sprung in den Pool startete. Ich zog ein paar Bahnen und freute mich über mein Leben, die frische Kühle des Wassers und den beginnenden Tag. Danach duschte ich, wir frühstückten in Ruhe und gingen zum Strand. Wir hatten beide Bücher und Musik dabei. Wir bildeten uns weiter und keine Meinung über andere Urlauber und Menschen. Wir beschäftigen uns mit uns. Wir führten wundervolle, tiefgründige Gespräche. Wenn wir Lust hatten, gingen wir natürlich auch Rutschen oder ins Meer. Wir genossen unsere Zeit und die beiden Ausflüge in vollen Zügen.

Der erste Ausflug ging mitten in die Stadt. Nach Hurghada. Ich war bereits vor einigen Jahren mit meinen Eltern dort gewesen, konnte mich jedoch nur noch an Menschenmassen, ein umgedrehtes Hotel-Armband (nicht dass jemand das Hotel erkannte und uns verfolgte) und negative Kommentare und Gefühle erinnern. Doch bei diesem Ausflug war alles anders. Ich ging mit Vorfreude anstelle von Angst und Vorurteilen an die Sache heran und wurde belohnt mit einer tollen Stadtführung. Wir hatten eine eigene Begleiterin, die uns die Stadt zeigte, erklärte und mit uns eine Moschee besuchte. Es war herrlich. Wir lernten die typisch Ägyptische Küche kennen und genossen den Blick auf das strahlend blaue Meer. Keine Vorurteile. Keine Angst. Dafür ein zufriedenes und müdes Ich am Ende des Tages.

Der zweite Ausflug war ein Boots-Ausflug. Einen ganzen Tag lang. Highlight des Ausfluges: Das schwimmen mit Delphinen. Wir hatten einen tollen Tag auf dem Schiff. An Bord herrschte eine lockere und fröhliche Stimmung und die meiste Zeit, wenn wir von einem Riff zum anderen fuhren, schlief ich. Auf Schiffen konnte ich mich schon immer eines hervorragenden Schlafes bedienen.

Wo kommst du ganz zur Ruhe und findest eine Art inneren Frieden?

Wir hielten am nächsten Riff und konnten es selbst kaum glauben, als es so weit war. Wir sichteten die Delphine. Eine ganze Herde. Kleine und große Delphine. Es musste schnell gehen, damit wir die Herde nicht aus den Augen verloren. Mit Schnorchel und Taucherbrille bewaffnet stiegen wir in einem Moment ins Wasser und schwammen im nächsten Moment tatsächlich mit Delphinen. Ein Delphin schwamm Aug in Aug mit mir und ich musste mich enorm zurück halten ihn nicht zu berühren. Dies wurde uns bereits auf dem Boot mehrfach ans Herz gelegt, da es sich trotz allem um wilde Tiere handelt und man die Natur wertschätzen sollte. Und das taten wir alle. Wir genossen die Natur in ihrer vollen Pracht. Zwei Delphine spielten miteinander und boten uns eine kleine Showeinlage. Hinzu kam die Ruhe unter Wasser, das klare, frische Wasser und das Farbspiel der Sonne und des Meeres.

Diese Erfahrung war einfach unbeschreiblich. Dieser Urlaub machte Lust auf mehr solch unbeschreiblicher Momente.

Mein nächste Ziel: Ibiza. Gemeinsam mit meinem damaligen Freund. Ein Ziel, an dem ich vorher noch nie war. Wir buchten unser Hotel bewusst mit Halbpension, da wir beide viel von der Insel sehen wollten, jedoch auch gerne aßen. Somit erhielten wir zum Frühstück und Abendessen jeweils ein tolles Buffet im Hotel und hatten mittags Zeit die Insel zu erkunden. Bereits am zweiten Tag mieteten wir einen Roller und fuhren ohne Navi, Karte oder Ortskenntnisse einfach los. Folgten unserer Intuition und Abenteuerlust. Wieder ohne Angst und ohne Vorurteile. Wir genossen die wunderschöne Landschaft. Sahen Strände mit feinem Sand und strahlend blauem und klaren Wasser. Gingen Essen. Lernten neue Leute kennen. Genossen das Leben und feierten es. Feierten uns. Wir machten einen Ausflug mit dem Katamaran auf eine wunderschöne Insel. Formentera. Ein Traum. Wir konnten uns nicht sattsehen an diesen Farben. Wir sprangen in die Wellen und dachten nicht an morgen. Wir besuchten einen Hippie Markt und tranken den besten und frischesten Cocktail in unser beider Leben. Die Atmosphäre auf dem Markt und generell auf dieser Insel war so entspannt und harmonisch. Andere Menschen so akzeptieren wie sie sind. Sich selbst akzeptieren wie man ist. Das Leben genießen und (er)leben. Ibiza, danke für diese wundervolle Erfahrung, du wirst mich noch oft zu sehen bekommen!

Nach Ibiza folgte das nächste, unbekannte Ziel. Eine Stadt wie aus 1.000 und einer Nacht: Marrakech.

Hier wurde ich jedoch, bevor ich die Stadt wie aus dem Märchen genießen konnte, beim aussteigen aus dem Taxi, welches uns vom Flughafen abholte, von meiner Vergangenheit eingeholt. Es dämmerte bereits. Wir hielten mit dem Taxi inmitten der Medina [1] von Marrakech. Aus dem Taxi heraus sah ich mich um und sah keine anderen Touristen (interessant, dass es das erste war, wonach ich Ausschau hielt).

---

1   Altstadt von Marrakesch

Was ich sah waren fremde Menschen. Einheimische, Eselskarren, dreckige Straßen und Häuser. Und hier saß ich nun. Inmitten einer fremden Stadt. Einer Stadt, bei der man vor seiner Reise gesagt bekommt: „Sei vorsichtig!" „Pass auf dich auf!" „Da wollt ihr hin?"

Ließ ich mich auf dieses Abenteuer ein, oder ließ ich die Angst vor Neuem, die Angst vor dem Abenteuer und meine Vorurteile siegen? Im Bruchteil von Sekunden musste ich mich entscheiden, wie ich meinen Urlaub beginnen und auch fortsetzen wollte. Meine Neugier, meine Abenteuerlust und mein Drang zu wachsen stiegen und siegten letztendlich. Was für ein Glück! Ich stieg aus. Schaute mich um und sah: Menschen. Egal ob Touristen oder Einheimische. Es sind Menschen! Und wofür reist man in ein anderes Land? Um Touristen, anderen Deutschen zu begegnen? Um sich über alles Gewohnte zu unterhalten oder sich am besten noch über die Einheimischen, ihre Traditionen und ihr eigenes Land aufzuregen? Nein. Nicht mehr. Diese Art Urlaub, diese Art zu reisen hatte ich hinter mir gelassen. Ich war so stolz auf mich selbst und wurde wieder einmal belohnt.
Wir hatten ein tolles Riad [2], mit sehr freundlichen Besitzern.

Die erste Begegnung mit unserem Riad ging wie folgt vonstatten:
Wir wurden von unserem freundlichen, jedoch auch sehr flinken Taxifahrer zu Fuß durch die Medina und ihr Labyrinth aus Gassen, Durchgängen und Toren zu unserem Riad geführt. Wir hatten Mühe hinterher zukommen um ihn und unsere Koffer, die er in einem Karren vor sich her schob, nicht aus den Augen zu verlieren. Er bog das gefühlt hundertste Mal innerhalb dieses immer dunkler werdenden Labyrinths ab und blieb plötzlich in einer alten, verlassenen und dunklen Gasse vor einer riesigen Holztür stehen. Wir schauten uns an und um, wunderten uns und warteten ab. Er klopfte an diese riesige, sehr alte Holztür. Unsere Spannung stieg von Sekunde zu Sekunde. Wir hörten etwas. Die Holztür wurde geöffnet, die Besitzer des Riads empfingen uns und es war ein magischer Moment. Hinter der Tür tat sich eine kleine Oase auf. Ein Ort wie im Bilderbuch. Farben. Orange, Rot, Gelb. Formen. Verschnörkelungen im Holz. Orient Pur. Ein kleiner Pool in der Mitte, nach oben hin ein offenes Dach. Frische, bunte

Traditionelles marokkanisches Haus mit Innenhof bzw. innerem Garten

Pflanzen und ein Geruch wie ich ihn stets im Herzen trage: Der Duft nach Urlaub. Der Duft nach Freiheit. Wir waren angekommen.

Unser Zimmer war schnuckelig und genauso eingerichtet wie uns der Innenhof Empfangen hatte. Wir schliefen gut und frühstückten am nächsten Morgen auf der Dachterrasse mit Blick über Marrakech und lernten von Minute zu Minute, von Blick zu Blick unser zu Hause und unser Leben mehr und mehr schätzen. Dankbarkeit machte sich breit. Ob die Menschen, die hier lebten je etwas anderes zu Gesicht bekommen würden? Ob sie mit unserem Leben, wie wir es zu Hause führten, genauso überfordert wären, wie wir mit ihrem Leben?

Was war dein magischster Moment auf deinen Reisen?

Nach dem Frühstück machten wir uns auf den Weg, den großen und bekannten Platz „Jema el Fna" zu suchen. Die junge Besitzerin des Riad sprach gutes Englisch und erklärte uns den sehr einfachen Weg. Ein Fußweg von noch nicht einmal fünf Minuten. Aus dem Riad und der Gasse raus nach rechts, geradeaus, wieder rechts und immer weiter. Schon wären wir da. Wir machten uns voller Vorfreude auf den Weg. Aus dem Riad raus, rechts und geradeaus bekamen wir hin. Dann standen wir an einer Gabelung, an der es leider nicht nur nach rechts ging, sondern nach rechts, halbrechts, links, halblinks und geradeaus. Wir entschieden nach Gefühl und gingen den Weg, der sich am ehesten nach dem „rechts" anfühlte, welches die Besitzerin uns beschrieben hatte. Nach einiger Zeit wurden jedoch aus den Gassen, Straßen und diese immer breiter. Nachdem wir eine halbe Stunde unterwegs und die Straßen breit wie eine Landstraße waren, fragten wir nach dem Weg. Wir fanden schnell zu den Gassen zurück und waren noch schneller am Jema El Fna, dem großen Platz, angekommen. Dieser Platz, dieser Ort entschädigte uns direkt für den Umweg. Ein Stand mit frisch gepresstem Orangensaft reihte sich an den nächsten. Von überall her kamen Musik, Gerüche, Geräusche, Farben und Formen. Alles prasselte auf einen ein. Schlangenbeschwörer, Musiker, Gaukler. Der ganze Platz war ein herrliches

Fest! Um uns einen Überblick zu verschaffen, setzten wir uns erst einmal in ein Café am Rande des Platzes und tranken einen frischen Minztee. Was für ein magischer Ort. Man wusste gar nicht, wo man hinschauen sollte. Man wollte überall zur gleichen Zeit sein und die Gassen und Läden rund um den Platz versprachen noch mehr wunderbare Einblicke in diese geheimnisvolle Stadt. Wir tranken unseren Tee in Ruhe aus, sammelten uns und gingen los. Mitten hinein ins Geschehen. Wir blieben kurz stehen und schon war es soweit: Wir hatten beide eine kleine Schlange auf dem Arm, fünf große Schlangen vor uns und bekamen das Staunen nicht mehr aus den Augen. Unser Handy gaben wir in die Hände eines Schlangenbeschwörers der tolle Fotos von uns und den Schlangen machte. Wir gaben ihm etwas Geld und natürlich seine Schlangen zurück und waren überwältigt. Diese Überwältigung war ein Dauerzustand. Jede Gasse, jedes Haus, jeder Laden hatte etwas Besonderes. Ein tatsächlich wahr gewordener Traum aus 1.000 und einer Nacht.

Aus 1.000 und einem Nachmittag trifft es an dieser Stelle jedoch eher, denn was wir uns nur bis zu einem gewissen Zeitpunkt gönnten, war die Atmosphäre des Jema El Fna bei Nacht, beziehungsweise bis nach Einbruch der Dunkelheit. Denn der Platz verwandelt sich bei einbrechender Dunkelheit in ein einzigartiges Schauspiel (auch wenn er das den ganzen Tag über bereits ist). Gaukler und Schlangenbeschwörer weichen den Buden und Ständen der Straßenköche. Orangene Markisen werden aufgespannt, Lichterketten drapiert, Bänke, Stühle und Tische aufgestellt. An einigen Ständen dampft es bereits. Der ganze Platz wird in ein orangenes, geheimnisvolles Licht getaucht. Wir beobachteten das Geschehen gespannt von einer der hohen Balkone in einem der Restaurants, die sich um den ganzen Platz befinden. Ein Balkon höher als der andere, um das rege Treiben bei Tag und Nacht beobachten zu können. Als alle Stände aufgebaut waren und es überall dampfte, gingen wir hinunter, um uns die Köstlichkeiten anzusehen und schmecken zu lassen. Vor unserer Reise wurde uns empfohlen unbedingt etwas an diesen Ständen zu essen. Wir hörten bereits von Weitem die Besitzer der einzelnen Buden rufen und schreien, dass es bei Ihnen am besten schmeckte und man einfach alles bekommt. Als uns der Besitzer der ersten Bude mit einem leichten Schubser in Richtung seiner Tische bewegte und uns hinterher schrie, dass wir bei ihm wirklich alles probieren könnten, schubsten wir uns selbst ganz schnell hinaus aus dieser Massenabfertigung und aßen auf einer der Balkone eines Restaurants zu Abend und schauten uns das Treiben aus sicherer Entfernung an. Kurz bevor die Sonne vollständig unterging, machten wir uns auf den Weg in unser Riad. Denn wir wollten vor Einbruch der Dunkelheit dort eintreffen. Ein Pärchen, welches wir in unserem Riad beim Frühstück kennen gelernt hatten, erzählte uns, dass sie einen Abend zuvor nach dem Essen an einer der Straßenstände am Jema El Fna versackt waren und nach Einbruch der Dunkelheit ihren Weg zurück ins Riad antreten wollten. Jedoch war das für sie nicht so einfach gewesen. Sie standen, nachdem sie einige Minuten vom Jema El Fna entfernt waren, plötzlich inmitten der menschenleeren Souks [3] vor verschlossenen Toren. Wie bereits erwähnt, kann man sich Marrakech als großes Labyrinth vorstellen. Gassen, eine kleiner und schmaler als die nächste. Gänge, Ecken, Kurven, Häuser, Türen und eben solche großen Tore, die wohl ab einer bestimmten Uhrzeit einfach geschlossen werden und so den eingeprägten und natürlich einzigen gemerkten Weg, zunichte machten. Abgerundet wurde das Erlebnis der beiden durch eine Verfolgung eines Einheimischen. Am Ende, als sie es irgendwie geschafft hatten, zum Riad zu kommen, stand eine ganze Gruppe Männer hinter ihnen. Der Besitzer des Riad öffnete zum Glück schnell die Tür, erkannte die Lage, gab den Män- nern etwas Geld und beendete das Erlebnis der beiden durch seine Handlung. Das bedeutet natürlich nicht, dass uns das gleiche wi- derfahren wäre, wenn wir nach Einbruch der Dunkelheit zurück zu unserem Riad gelaufen wären. Doch wir waren uns einig, dass wir uns in einer fremden Stadt, im Dunkeln nicht verlaufen wollten oder gar Gefahr laufen wollten das Riad nicht mehr zu finden.

Mut und Abenteuerlust: Definitiv, jedoch nur bis zu dem Punkt an dem man sich selbst keiner Gefahr aussetzt und sich noch wohl fühlt. Wir kamen an diesem Abend heil im Riad an und freuten uns auf den nächsten Tag.

---

3   kommerzielles Viertel in arabischen Städten

Nach drei Tagen Marrakech-City ging es für uns in die Wüste. Wir wurden nach dem Frühstück abgeholt und in ein circa anderthalb Stunden Fahrtweg entferntes Camp inmitten der Wüste gebracht. Ganz weit in der Ferne konnte man Marrakech nur noch an den Rauchschwaden [4] über der Stadt erahnen. Es war ein liebevoll gebautes und hergerichtetes Camp in das wir dort kamen. Der Besitzer empfing uns sehr herzlich und führte uns herum. Er zeigte uns das Haupthaus, die Gärten mit frischem Gemüse, die Kamele und zu guter letzt unser Zelt beziehungsweise unser Haus getarnt als Zelt.

Es handelte sich um ein „Glamour Camp" [5]. Wir schliefen in festen Häusern (mit einem Überwurf aus Zeltstoff) mit einem Bett, eigenem Badezimmer und warmem Wasser. Der Besitzer lud uns zu einem Kennenlern-Lunch ein und erzählte der beschaulichen Menge an Gästen, dass viele kleine Gruppen herkommen um Workshops zu machen und um sich mit sich selbst auseinanderzusetzen. Genau mein Ding und genau der richtige Ort dafür. Nach dem Lunch hatten wir die Möglichkeit einen kleinen Ausritt auf den Kamelen durch die Wüste zu machen. Diese Möglichkeit nutzten wir gerne. Fatima und Aicha brachten uns wohlbehalten (und ein bisschen durchgeschüttelt) durch die Wüste und zurück ins Camp. Ich genoss diese Freiheit, Grenzenlosigkeit und vor allem die Stille. Nach einem köstlichen Abendessen unter dem bereits jetzt erstaunlich hellen und klaren Sternenhimmel setzten wir uns zu zweit mit Decken vor unser Zelt, bestellten Wein, plauderten über das Leben und die Welt und als ich plötzlich nach oben schaute, konnte ich meinen Augen nicht trauen. Ich hatte Tränen in den Augen und mir stockte der Atem. Meine Augen und mein Herz strahlten mit diesem einzigartigen Sternenhimmel um die Wette. Himmel, war das ein Himmel! Ich vergaß alles um mich herum. Noch nie in meinem ganzen Leben hatte ich so viele Sterne auf einmal gesehen. Unbeschreiblich.
In der Stadt und auch bei uns zu Hause war es undenkbar auf Grund der ganzen Lichter, die leider die Sterne überstrahlen, den Himmel so wahr zu nehmen.

---

4   In der Stadt befinden sich viele Gerbereien, daher der Rauch über der Stadt
5   sog. Glamping

Ich genoss jede Sekunde. Diese wunderbare Erfahrung kann ich jedem nur ans Herz legen. Diesen Anblick kann man gar nicht beschreiben. Man muss ihn selbst erleben.

Ich fühlte mich so klein und doch so groß im gleichen Moment und ich wünschte, dass dieser Moment nie endete. Ich sog das ganze Universum, die ganze Freiheit, meine Möglichkeiten, die Dankbarkeit in mich auf. Ich freute mich mehr und mehr überhaupt die Möglichkeit zu haben, in ein anderes Land, in eine andere Stadt oder sogar auf andere Kontinente reisen zu können. Ich wurde dankbarer und dankbarer über mein eigenes Leben. Die Wahl frei und unabhängig zu sein. Die Wahl zu entscheiden, zu mir selbst zu finden und mich mit mir auseinander zu setzen. Die Wahl aus der Vergangenheit zu lernen und zu wachsen. Eigene Entscheidungen treffen zu können. Wie zum Beispiel die Entscheidung nicht die Angst vor Neuem, sondern die Vorfreude auf Neues wählen zu können.

Wann hast du das letzte Mal den Sternenhimmel beobachtet? Ist dein letzter Sternschnuppen-Wunsch in Erfüllung gegangen?

Kapitel 2

Meine erste Reise allein

Juni 2018

Ich wäre nicht ich, wenn hinter meiner ersten Reise allein nicht auch eine Story stecken würde und vermutlich wäre ohne diese Geschichte und die daraus resultierenden Erfahrungen dieses Buch nie entstanden.

Wie bereits eingangs erwähnt hatte sich mein bereits länger gehegter Plan - meine erste Reise alleine zu starten - verfrüht. Als ich diese Zeilen schrieb liegt meine erste Reise allein erst wenige Tage zurück. Ich war wieder zu Hause und schaute zurück auf eine unglaubliche Zeit. Eine, nein Meine unglaubliche erste Reise allein.

Doch beginnen wir von vorne…

Ich befand mich auf Cala Ratjada, Mallorca und ging aus dem Hotelzimmer, wohlwissend, dass meine beste Freundin gerade ihre Sachen dort packte und nicht mehr da sein würde, wenn ich zurück kam. Ich rief eine Freundin zu Hause an. Weinte, ließ alles raus, fing mich und erzählte ihr alles. Es war nicht so gelaufen wie wir beide uns das vorgestellt hatten. Doch es fühlte und fühlt sich richtig an. Seit dem letzten Mal, als eine meiner Freundschaften zu Ende ging, bin ich gewachsen. Stark gewachsen. Keine Beschuldigung und keine Wut der anderen Person oder mir selbst gegenüber. Ein Lernmoment. Ein großer Schritt. Ein Teil meiner Reise. Ich telefonierte lange mit meiner Freundin und mir ging es von Sekunde zu Sekunde besser. Ich wurde noch ruhiger und beantwortete mir innerhalb unseres Gespräches all meine Fragen selbst. Sie wusste bereits, dass ich schon längere Zeit überlegte, mein Studium abzubrechen oder zumindest ein Urlaubssemester einzulegen. Ich sagte ihr, dass ich das Ganze als Zeichen sehen würde, da meine Freundin, die gerade ihre Sachen packte, eine Kommilitonin von mir war und ich eine Entscheidung treffen würde. Diese Entscheidung lag bereits zu Hause ausgedruckt auf dem Tisch und hieß: „Beantragung auf ein Urlaubssemester". Ein halbes Jahr Zeit zum nachdenken. Zeit für mich.

Wird mir das Studium fehlen? Möchte ich es zu Ende bringen? Ergibt sich aus dieser Entscheidung eine völlig neue? Ich selbst war sehr gespannt und auch diese Entscheidung fühlte sich richtig an.

Ich kam nach meinem Telefonat und einem langen Spaziergang zurück ins nun etwas leerere Hotelzimmer. Ich setzte mich auf den Balkon und genoss die warmen Sonnenstrahlen auf meiner Haut. Ich atmete tief ein und aus und kam zur Ruhe. Nach einiger Zeit ging ich duschen, machte mich fertig und auf in Richtung Hafen. Den ersten Abend im Urlaub verbrachte ich nicht alleine. Wir hatten einen Abend vorher ein Pärchen kennen gelernt, die noch einige Tage mit mir vor Ort sein würden. Wir gingen etwas trinken, feierten und verabredeten uns, um den nächsten Tag gemeinsam am Strand zu verbringen.
Wir sprangen in die Wellen, lachten und ich erfreute mich meines Lebens. Meiner Freiheit. Ich sah alles positiv, war voller Vorfreude auf alles was kommen sollte und mir wurde bewusst, dass mein erster Urlaub alleine sich verfrüht hatte. Ich war mittendrin. Ungeplant. Ungewollt. Und doch war es einfach unglaublich!

An diesem Abend machte ich mich wieder ganz in Ruhe fertig und freute mich ganz besonders auf und über diesen Abend, denn ich würde ihn mit mir alleine verbringen. Ich ging nach draußen und fühlte mich wohl in meiner Haut. Spazierte am Hafen und am Meer entlang. Rief eine Freundin an und telefonierte eine Stunde mit ihr. Nicht weil ich mich alleine oder unwohl fühlte, sondern weil es einfach passte und ich sie an meiner Reise teilhaben lassen wollte.
Ich spazierte weiter am Hafen entlang und kam an einer Vielzahl von Restaurants vorbei. Mein erstes Mal alleine zu Abend essen stand kurz bevor. Ich entschied mich für ein schönes Pasta-Restaurant mit direktem Blick auf das Meer. Ich ging voller Vorfreude hinein, wurde freundlich und mit einem Lächeln begrüßt, suchte mir einen schönen Platz aus und verneinte, die Frage, ob noch jemand dazu kommen würde. Ich bestellte ein Glas Wein, mein Essen und genoss die frische Luft und die Aussicht. Das Meer hatte auf mich schon immer eine sehr beruhigende Wirkung. Ich schaute zwischendurch auf mein Handy, fühlte mich aber auch hier keineswegs alleine oder unwohl. Ich aß ganz in Ruhe. Erfreute mich über die Kerze auf dem Tisch, die

mir wohliges Licht spendete, die wundervolle Atmosphäre und fühlte mich einfach pudelwohl. Selbst die Blicke der anderen Gäste störten mich keineswegs. Ich glaube sie schauten einfach, weil ich allein aß und zufriedener als jeder andere Gast in diesem Restaurant schaute und diese Zufriedenheit in ihrer Vollkommenheit ausstrahlte.

Warst du schon einmal alleine Essen? Hast du dich genauso wohl gefühlt?

Nach dem Essen bezahlte ich und ging ganz in Ruhe in Richtung Stadt und Hotel zurück und schlief sehr zufrieden ein. Den nächsten Tag verbrachte ich mit dem Pärchen, das ich zufällig mittags getroffen hatte, an ihrem Hotel-Pool. Den Abend ließ ich ganz in Ruhe mit ein paar Cocktails auf dem Balkon im Hotel ausklingen.

Am nächsten Morgen stand ich früh auf. Ich hatte einen Ausflug gebucht. Bereits in Deutschland. Es handelte sich um ein Geschenk zum Geburtstag für meine Freundin. Stand-Up-Paddeling, Klippenspringen und Schnorcheln. Dieser Ausflug sollte eigentlich bereits am Samstag, unserem dritten gemeinsamen Tag, stattgefunden haben, wurde jedoch auf Grund des Wetters (zu windig = zu hohe Wellen = nicht gut für Anfänger auf dem Paddle-Board) auf einenn anderen Tag verlegt. Auch hier hatte alles seinen Sinn und somit trat ich diese Tour - voller positiver Gedanken und Vorfreude - alleine an. Mit mir zusammen ein Pärchen aus Hawaii, welches nun in Stuttgart wohnte, ein anderes Pärchen aus Hamburg und Dortmund, wobei er bald in mein Nachbardorf ziehen würde (so klein ist die Welt) und ein anderes Mädchen, welches auch alleine anwesend war. Ich hatte ihren Namen und ihren Wohnort allerdings nicht mitbekommen. Sie redete nicht viel, wenn sehr leise und machte einen eher schlecht gelaunten Eindruck. Doch sie war mir ganz und gar nicht unbekannt oder fremd. Nennen wir sie doch einfach mal:
Mein früheres Ich!

Ich musste schmunzeln, denn noch vor ein Paar Jahren hätte ich mich genau so in meiner Situation verhalten: Ich wäre schlecht gelaunt gewesen, die anderen hätten Schuld an allem, und ich hätte es ziemlich mies gefunden, dass ich den Ausflug nun alleine machen musste. Wenn ich ihn überhaupt angetreten hätte. Doch all das war mein altes, früheres Ich. Dieses alte Ich hatte ich zurück gelassen und konzentrierte mich nun ganz auf mein neues Ich.

Mein neues Ich freute sich auf den Tag und diese Erfahrung und unterhielt sich angeregt mit allen. Mal auf deutsch, mal auf englisch, da das Pärchen aus Hawaii noch nicht so gut deutsch sprechen konnte. Es war eine interessante und offene Gruppe.

Wir hielten auf unserem Weg am Leuchtturm von Capdepera. Wie passend, denn hier wollte ich sowieso hin. Es stand gar nicht mit auf dem Plan und somit freute ich mich umso mehr. Ein zauberhafter Ort, vor allem morgens, wenn es an den Klippen noch nebelig war. Nach ein paar Fotos und einigen tiefen Atemzügen ging es weiter in Richtung Canyamel. Ein schöner, noch sehr ruhiger Strand. Es war ja auch erst kurz vor neun Uhr. Wir stiegen aus und schnappten uns die Boards und Paddel. Unserem Guide fiel auf, dass seine Ausrüstung für die Boards unvollständig war und so bat er uns in der Zeit, in der er zurück fahren würde um die restliche Ausrüstung zu holen, schon einmal aufs Wasser zu gehen und zu üben. Gesagt getan. Wir gingen alle gemeinsam zum Wasser. Die Luft war noch kühl und das Wasser noch kühler. Nun stand ich dort mit meinem Board in der einen und meinem Paddel in der anderen Hand am Strand. Total unerfahren und dachte mir: Ein Gefühl wie in Marrakech? Angst? Mein altes Ich? Nein, ich hatte keine Angst, sondern erinnerte mich nur an die Situation. Was machte ich stattdessen? Was machte mein neues Ich? Es atmete tief durch, ging ins Wasser und befand sich keine fünf Minuten später auf dem Board - stehend. Ich war und bin so stolz auf mich. Ich ließ mich von den anderen nicht ablenken und auch nicht davon beirren, dass ich auf dem Board keine Kurven fahren konnte beziehungsweise einen Wendekreis von einem Schwertransporter hatte. Doch von Kurve zu Kurve klappte es immer besser. Jegliche Zeit war egal, deshalb hatte ich auch keine Ahnung, ob unser Guide nach einer halben Stunde oder nach einer Stunde wieder da war. Ein schönes Gefühl. Als unser Guide bei uns angekommen war, unterstützte er mein Gefühl mit der Aussage, dass wir auf Grund der Wartezeit nun auch nicht auf die Uhr gucken und einfach los paddeln würden. Einfach machen. Wunderbar. Ich erhielt von allen Seiten

Unterstützung auf meiner Reise. Und die größte Unterstützung war ich mir selbst.

Der folgende Text kam mir einige Wochen nach diesem Ausflug in den Sinn, als ich einer Freundin etwas mit auf ihren Weg geben wollte. Er passt hervorragend zu diesem Tag und ich möchte ihn auch dir gerne mit auf deinen Weg geben:

Liebes früheres Ich

Ein paar liebevolle Worte von mir an mich und von mir für dich

Liebes früheres Ich,

Ich muss noch heute öfter an dich denken. Ich denke an dich und habe ein Lächeln auf den Lippen. Es fiel mir damals schwer dich zu akzeptieren. Du warst in meinen Augen ein Störenfried, hast alles kaputt gemacht, wolltest mich verletzen. Du warst für mich einfach nicht richtig.
Negativ und böse.
Heute, liebes Ich, bin ich dir unendlich dankbar.
Du warst eine Prüfung und ich bin froh darum. Ich habe diese Prüfung mit Bravour gemeistert und bin zu meinem eigenen Meister geworden.
Ich habe durch dich so viel gelernt. Ich habe gelernt dankbar zu sein. Dankbar für das, was ist, für das, was war und für das was ich habe. Ich habe gelernt Umstände, egal ob positiv oder negativ, zu akzeptieren, sie anzunehmen, ihnen Raum zu geben und nicht den Kopf in den Sand zu stecken. Ich habe gelernt mein Leben mit einem Lachen im Gesicht und auch in meinem Herzen zu bestreiten.
Ich habe durch dich mein Licht wiedergefunden, welches tief vergraben war. Doch es war immer da.
Jeder ist seines Glückes Schmied. Ich habe gelernt für mich selbst zu sorgen und nicht andere Menschen für etwas, war mir widerfährt verantwortlich zu machen. Ich habe gelernt zu vergeben. Anderen und mir selbst.
Ich habe früher nie daran geglaubt einmal solche Zeilen über dich und an dich zu schreiben. Ich habe es nicht für möglich gehalten, was alles in mir

steckt und das ich zu meinem jetzigen Ich heranwachsen würde. Ich habe durch dich so viel gelernt und lerne jeden Tag etwas Neues.

Ich habe gelernt mich selbst zu lieben und das, liebes früheres Ich, ist der größte Liebesbeweis an mich selbst.

Liebe dich selbst und der Rest wird folgen. Die einfachsten Sprüche sind meist die mit der meisten Kraft! Mach dir bewusst, was du allein in deinem Leben hast. Lächle einmal in dich hinein. Lass dein Licht wissen und spüren, dass du es brauchst. Es wird dich unterstützen und du wirst heller Strahlen als jemals zuvor...

Hast auch du ein „altes Ich"? In welchen Situationen befindest du dich wieder im alten Ich? In welchen Situationen bist du gewachsen und zu einem „neuen Ich" gereift?

Weiter ging es mit dem Ausflug und meinem neuen Ich.
Wir paddelten los. An der Küste und an den Felsen entlang. Das Wasser war Glasklar, sah wunderschön aus und war herrlich erfrischend. Ich kam jedoch nicht voran und war die letzte. Doch das war mir egal. Unser Guide kam zwischendurch zu mir, schaute sich meine Haltung an und fragte mich, ob ich regelmäßig ins Fitnessstudio gehen würde. Ich dachte mir „Ähm, hast du dir mich mal angeguckt?" (Nicht abwertend mir gegenüber, doch wenn ich regelmäßig ins Fitnessstudio gehen würde und so aussehe, dann würde ich wohl etwas falsch machen). Ich wusste jedoch nicht genau, worauf er hinaus wollte und schaute ihn fragend an. Er antwortete mir, dass ich aussehe als würde ich auf der Hantelbank sitzen und mich total versteifen. Er machte mich nach und nun wusste ich, was er meinte. Ich hielt mein Paddel so fest als ginge es um Leben und Tod. Ich lachte. Er lachte und fügte hinzu, dass es ja nur Wasser unter mir sei und schmiss mich vom Board hinein. Ich freute mich über die Erfrischung, die Lehre und erhielt von ihm ein paar Tipps wie ich besser

und einfacher paddeln konnte. Ich stieg wieder auf mein Board. Wir fuhren weiter um die Felsen herum und machten nach einer guten halben Stunde Halt an einer kleinen Bucht.

Wir stiegen von den Boards, befestigten sie im Sand, kletterten einen Felsen hoch und standen gut sechs oder sieben Meter über dem Meer an einer Klippe.

Klippenspringen. Darauf hatte ich mich mit am meisten gefreut. Doch nun, als ich wirklich auf dieser Klippe stand, hatte ich großen Respekt davor. Der Wind pfiff mir durch die Haare. Ich stellte mich trotzdem als erste an die Klippe um zu springen. Doch es klappte nicht. Irgendetwas hielt mich zurück. Ich ging, auf Anraten des Guides, noch einmal zurück um von vorne zu beginnen. Ich ließ jemand anderen den Vortritt, spürte jedoch, dass ich als nächstes dran sein und springen würde. Ich stellte mich noch einmal auf meinen Ausgangspunkt. Genau mittig, denn ein paar Schritte weiter rechts, war im Wasser unter mir ein Fels, vor dem unser Guide uns warnte, da der Urlaub (und meine Reise(n)) dann ganz schnell vorbei wären. Ich stellte mich also hin, schaute nach unten, atmete tief durch und sprang einfach. Ich schrie und kam schnell unten an. WOW!

What a Feeling! Ich fühlte mich schwerelos im Wasser. Und etwas kränklich, da ich relativ viel Salzwasser in meinen Hals und meine Nase bekommen hatte. Doch davon ließ ich mich nicht einnehmen und ermutigte die anderen, die noch oben standen, zu springen.

Bist du schon einmal von einer Klippe gesprungen oder standest auf einem Stand-Up-Paddle-Board?
Wann hast du das letzte Mal etwas für dich ganz Neues gemacht?

An diesem Abend verfasste ich einen Post auf Facebook in der #TeamLiebe-Gruppe[6]:

---

6   Geschlossene Gruppe auf Facebook von Laura Malina Seiler

Wer ins kalte Wasser springt.
Taucht in ein Meer voller Möglichkeiten

Ihr Lieben, hier seht ihr mich bei meinem Sprung ins kalte Wasser. Vorherige Aussage vom Guide: „Springt bitte nicht zu weit rechts. Da ist ein Felsen im Wasser und das war's dann mit eurem Urlaub." Jup.. Danke für die Info. Ich bin trotzdem gesprungen und es war der Hammer. Dieses Bild entstand in meinem ersten (ungeplanten) Urlaub alleine. Es folgte mein erster geplanter Urlaub alleine und ich bin von beiden Urlauben und der Reise zu mir selbst immer noch berauscht.

IHR KÖNNT ALLES SCHAFFEN, WAS IHR EUCH VORNEHMT.
Einfach mal machen & den Sprung wagen.

Es sprangen alle von der Klippe. Alle, bis auf mein altes Ich.
Nach dem Sprung ging es weiter auf die Boards. Wir paddelten und paddelten und ich war immer noch die letzte, hatte aber mittlerweile die Kurven-Problematik gelöst und paddelte in meinem eigenen Tempo. Ich genoss mich und das Meer. Die Ruhe und die Freiheit. Irgendwann kamen wir an eine Höhle. Mitten im Fels, mitten im Ozean. Ich liebe die Natur! Wir warfen die Boards in die Höhle und uns hinterher. Glasklares Wasser. Wir Schnorchelten ein wenig und machten einige Fotos. Genossen alle einfach den Moment. Nach einer guten halben Stunde ging es zurück auf die Boards. Ich spürte, dass ich müde war und wusste, wie viel Rückweg wir vor uns hatten. Doch was sollte es? Bringt ja nichts. Also ging es, ohne dass ich meckerte oder mich beschwerte (äußerlich sowie innerlich), weiter und zurück. Ach ja! Mein altes Ich: Hatte mittlerweile Kopfschmerzen und sprach nicht mehr! Als wäre es erst gestern gewesen ..

Die Wellen waren nun härter und höher. Stehen machte mir keinen Spaß mehr, somit setzte ich mich und genoss das Eiskalte Wasser an meinen Füßen und Beinen. Ich wechselte zwischendurch vom Schneidersitz auf die Knie und wieder zurück. Zwischendurch kam der Guide zu mir nach hinten, schaute mich an und sagte: „Du hast aufgehört zu paddeln!" Und fuhr wieder. Recht hatte er. Ich hatte einfach nur noch das Paddel ins Wasser getaucht. Also: Paddeln! Und siehe da, es machte gleich mehr Spaß und ein wenig schneller war ich auch noch. Bewusst an der Sache bleiben. Wir kamen am Strand an, räumten die Boards ins Auto und fuhren zurück.
Am Startpunkt angekommen unterhielten wir uns alle noch etwas, aßen spanischen Käse und spanische Salami (ein Traum) und schauten uns die süßen Hundewelpen der Guides an. Einer süßer und tollpatschiger als der nächste. Ich streichelte alle, hob meinen Lieblings-Welpen hoch und musste mich ermahnen mir den Gedanken in den Kopf zu setzen ihn mit nach Hause nehmen zu wollen.
Mein altes Ich? Stand herum und regte sich nicht. Gut, dass passte nun ausnahmsweise nicht zu mir, denn seitdem ich lebe, liebe ich Tiere. Aber hier geht es ja ums Prinzip des alten Ich's. Denn mein altes Ich, hätte die Hunde, die nun nicht so reinlich und sauber aufwachsen wie die meisten unserer Tiere in Deutschland, nicht ge-

streichelt, hoch gehoben, geschweige denn danach noch etwas gegessen, ohne sich die Hände zu waschen. Mein neues Ich? Hatte es einfach gemacht! Und siehe da: Ich lebe noch und bin gesund. Wahnsinn was alles möglich ist..

Nach diesem Tag fiel ich müde und mehr als zufrieden mit dem Tag und mir selbst ins Bett.

Den nächsten Tag verbrachte ich mit mir selbst am Strand. Las ein Buch, ging zwischendurch ein bisschen schwimmen und ließ es mir mit einer frischen Kokosnuss gut gehen. Als ich abends auf meinem Zimmer ankam, stellte ich mit erschrecken fest, dass mein Handy nur noch 5% Akku hatte. Das wunderte mich sehr, da ich mein Handy in der letzten Nacht, so wie immer, geladen und den Tag über nicht viel genutzt hatte. Nun ja, dann eben jetzt noch mal. Ich steckte mein Ladekabel ins Handy. Nichts. Kein vibrieren wie üblich. Kein Ladezeichen im Display. Ich zog das Kabel heraus, steckte es erneut in mein Handy. Nada. Diesen Vorgang wiederholte ich gefühlte zwanzig Mal, bis mir bewusst wurde, dass wohl etwas mit dem Handy oder dem Ladekabel nicht stimmte. Ich holte mein zweites Ladekabel aus dem Handgepäck, testete es erneut zwanzig Mal und musste mir so langsam eingestehen, dass wohl etwas mit meinem Handy nicht in Ordnung war. Ob es wohl daran liegen könnte, dass ich es gestern den ganzen Tag über in einer Hülle mit auf meinem Stand-Up Paddle und viel mehr mit auf dem offenen Meer und der brennenden Sonne hatte? Hm… Ich pustete also, so wie es jeder Mensch wohl macht, in die Öffnung für das Ladekabel, schaute mir alles an meinem Handy an, als hätte ich es studiert und musste mir dann nach einer halben Stunde (und natürlich erneuten versuchen das Handy über mein Kabel zu laden) eingestehen, dass ich ein Problem hatte. Also ging ich los. Ich hatte noch von meinem letzten Urlaub hier vor Ort im Kopf, dass sich auf der Hauptstraße ein Laden befindet, der Kameras verkauft und ich meinte auch das ein oder andere Handy gesehen zu haben. Völlig richtig. Das war´s dann aber auch. Nur Verkauf, keine Reparatur. Die freundliche Dame erklärte mir jedoch den Weg zu einem Handy-Laden, der auch Reparaturen durchführte. Dieser hatte jedoch leider schon geschlossen. Ich ging also zurück auf mein Zimmer, versuchte mein Glück noch einmal und siehe da: Mein Handy rührte sich und der Akku wurde voller.

Es reichte für ganze 20%. Immerhin. So würde es zumindest bis morgen früh halten. Ich freute mich über mich selbst und mein neues, entspanntes Ich und musste über die Vorstellung, was gewesen wäre, wenn diese Situation vor ein paar Jahren eingetreten wäre, selbst Lachen. Alleine im Urlaub, alleine auf einem Ausflug, ein Handy dabei und dann lädt es nicht mehr. Meine Wut auf mich selbst und alle anderen hätte biblische Ausmaße angenommen. Wahrscheinlich hätte jemand darüber ein Buch schreiben können. Doch dem war ja glücklicherweise nicht mehr so. Ich überlegte lediglich kurz, ob ich etwas wichtiges auf dem Handy hatte, was ich für meine Rückreise gebrauchen könnte. Meine Bordkarte war das Einzige, das mir einfiel und die konnte ich auch an der Rezeption online über meine E-Mail Adresse aufrufen und drucken lassen. Dann war ja alles geklärt.

Ich schrieb meinen Freundinnen, die über meine Reise allein informiert waren eine kurze Nachricht, dass ich mein Handy morgen zur Reparatur bringen würde, aber alles in Ordnung sei und ging schlafen.

Am nächsten Morgen brachte ich nach dem Frühstück als erstes mein Handy in den Laden um die Ecke. Ich bekam alles auf Englisch erklärt und war erstaunt, dass ich in einer Stunde schon wieder kommen könnte, um mein repariertes Handy abzuholen. Entweder wäre es der Anschluss für das Ladekabel, der kaputt sei, dann wären es ungefähr 40 € oder der Akku müsste getauscht werden, dann wären es 80 €. Ich wäre mit beidem einverstanden und verabschiedete mich. Ich ging spazieren und fühlte mich noch freier als vorher. Nach etwas über einer Stunde ging ich zurück in den Laden. Es hatte alles geklappt und es war nur der Anschluss. Ich bezahlte die vereinbarten 40 €, ging ins Hotelzimmer, schloss mein Handy an das Ladekabel an und es funktionierte einwandfrei. Diese Freiheit, sich nicht von der Zeit abhängig zu machen gefiel mir so gut, dass ich beschloss mein Handy einfach im Zimmer zu lassen. Ich nahm auch keine Uhr mit, denn ich war ja schließlich im Urlaub und hatte alle Zeit der Welt. Ich ging zum Strand. Ich aß etwas, wenn ich hungrig war, schlief etwas, wenn ich müde war oder einfach den Drang verspürte ein bisschen zu schlafen und ging ins Hotel zurück, wenn ich keine Lust mehr hatte am Strand zu sein. Herrlich. Die nächsten beiden Tage verbrachte ich ähnlich. Den Tag über lag ich am Strand, machte wonach mir der Sinn stand und abends aß ich mit einem herrlichem Blick aufs Meer in köstlichen Restaurants. Die verwirrt schauenden Leute und Blicke, warum ich denn da so zufrieden alleine sitze, störten mich immer noch ganz und gar nicht. Ich amüsierte mich ein wenig darüber und schenkte ihnen allen ein zufriedenes Lächeln. Zwischendurch brachte ich mein Handy noch einmal zur Reparatur, da es wieder nicht geladen hatte. So what. Es gibt Schlimmeres.

Ich teilte meine Erlebnisse und Erkenntnisse mit meinen Freundinnen zu Hause und auch mit Facebook. Ich bin Teil der #TeamLiebe-Gruppe von Laura Marina Seiler in der ich schon den Beitrag des Klippen-Springens teilte. Eines abends, als ich mich ein bisschen allein fühlte und spürte, dass ich mich mitteilen wollte, teilte ich in und mit dieser Gruppe folgende Gedanken:

Hier sitze ich nun ..

auf meinem Balkon in Cala Ratjada. Seit Sonntag bin ich hier. Alleine. Ungeplant. Noch bis morgen. Ja, ich wollte eine Reise alleine. Doch die stand eigentlich erst nächste Woche auf dem Plan.
Drei Tage Barcelona. Doch nun ist es bereits vorher soweit. Meine Freundin ist früher abgereist. Ich habe einen Menschen in meinem Leben verloren. Wie heißt es so schön: Das Leben stellt uns eine Aufgabe, bis wir daraus lernen. Oh yes! Es tut weh. Auch wenn ich mich ein Stück weit selbst gefunden habe.

Es ist so viel im Moment. Ich bin so viel. Die Liebe, die ich für andere empfinde und immer wieder aufbringe, möchte ich mir selbst entgegen bringen. Ich habe vor einem Monat meine Wohnung gekündigt, ohne dass ich was neues habe. Zu teuer und zu groß für mich alleine. Ich bin ständig auf der Suche nach mir selbst, meiner Berufung, meinem Sinn. Ich überlege mein Studium zu beenden. Ich wünsche mir jemanden an meiner Seite, genieße aber auch meine Freiheit. Ich erkunde jeden Tag meine Hochsensibilität. Es ist alles so wahnsinnig viel. Mein Kopf arbeitet und arbeitet.

Mein Motto: Alles hat seinen Sinn!

Doch es gibt Momente, in denen der Sinn überdeckt wird von negativen
Denkweisen, die ich in mir trage.
Vergebung, Dankbarkeit, Heilung der Kindheit und innere Verletzungen.
Ich weiß, ich bin stark, ich weiß es ist alles in mir. Ich möchte mein Licht
wieder finden und strahlen.

Ich freue mich jetzt schon über ein paar motivierende Worte von euch!

Liebe Grüße aus Mallorca
Nina

Und diese motivierenden Worte bekam ich. Mehr als ich mir vorstellen konnte. Ich freute mich sehr über ganz viele positive und inspirie-
rende Kommentare und Menschen. Menschen, die mich verstanden
und mir Mut machten. Damit hatte ich nicht gerechnet und mir ging
es von Minute zu Minute besser. Ich konnte vieles alleine schaffen
und mit mir selbst ausmachen, aber dieser Moment hatte mir ge-
zeigt, dass ich das nicht immer muss. Mut und Unterstützung von
außen ist wichtig und tut gut. Hilfe anzunehmen und sie zuzulassen
tut gut. Ein Lernmoment von höchster Bedeutung für mich.
Mit einigen dieser Menschen aus der Gruppe stehe ich nun in Kontakt und einige sollten schon bald zu meinen engsten Freunden gehören.

Der letzte Tag meiner ersten Reise allein war also angebrochen.
Ich hatte noch den ganzen Tag vor mir und war weiterhin sehr entspannt. Ich durfte mein Zimmer etwas länger behalten, so dass ich
diese Möglichkeit nutzte, um den Vormittag noch einmal am Strand
zu verbringen, mich danach in Ruhe auf dem Zimmer zu duschen,
fertig zu machen, zu packen und gemeinsam mit der Besitzerin des
Hotels auf den Bus zu warten, der mich zum Flughafen bringen sollte. Meine Freundin hatte den Mietwagen bei ihrer Abreise mitgenom-
men, da er auf sie lief. Ich hatte zwei Tage vor meinem Abflug mit der

Hotelbesitzerin über Möglichkeiten, wie ich am besten (und günstigsten) zum Flughafen kommen könnte, gesprochen. Früher hätte ich das wohl noch direkt am Abend, in der Minute gemacht, als mir klar geworden wäre, dass mir der Mietwagen nun nicht mehr zur Verfügung stünde. Doch auch hier hatte ich mein altes Ich hinter mir gelassen. Ich sollte schon eine Lösung finden und mit wem könnte ich besser darüber sprechen als mit einer Einheimischen. Es gab zwei Lösungen. Lösung Nummer 1: Mit dem Taxi zum Flughafen. Pro: Ein Gefährt für mich allein, somit keine Zwischenstopps und eine Fahrtzeit von gut einer Stunde. Contra: Kosten von ungefähr 90€. Auch für mich allein. Zweite Lösung (ohne das ich sie kannte, hatte ich mich bereits für diese Variante entschieden): Mit dem Reisebus vom Hotel bis zum Flughafen für 17€. Jackpot. Sie buchte den Bus, der mich direkt am Hotel abholte für mich und ich war noch entspannter als vorher. Als ich nun mit der Besitzerin in der Sonne vor dem Hotel auf den Bus wartete, sprachen wir über die Fahrtzeit, die mir auf Grund des enormen Preisunterschieds ziemlich egal war. „Ja, so circa drei Stunden seit ihr unterwegs." Ja okay, bei einer Abholung um 18.00 Uhr, obwohl mein Flieger erst um 23.00 Uhr Boarding hatte, hätte ich mir das auch von vorne rein denken können. Soweit so gut. Ich war die erste die abgeholt wurde, sicherte mir einen Platz in der ersten Reihe und machte es mir gemütlich. Ich genoss die Busfahrt, verabschiedete mich in Gedanken von meinem ersten Urlaub allein und fand es herrlich an den unterschiedlichsten Urlaubsorten, von denen ich schon oft gehört hatte, vorbei zu fahren, mir zumindest einen kleinen Eindruck der Umgebung zu machen und ein paar Inspirationen, wenn es mich das nächste Mal auf die Insel verschlagen sollte, zu holen.

Wir fuhren tatsächlich knapp drei Stunden. Am Flughafen angekommen gab ich meinen Koffer auf, ließ mich kontrollieren, schlenderte ein bisschen durch die Läden, setze mich an mein Gate und hörte Musik. Ich spürte, dass alle Mitreisenden am Gate unruhig wurden. Durchsage: Verspätung um eine halbe Stunde. Diese Durchsage kam insgesamt vier Mal. Also starteten wir erst zwei Stunden später. Kein Problem. Mir ging es gut, ich hatte Musik und ganz viele Erinnerungen in meinem Herzen und freute mich auf meinen allersten Flug in meinem 27 jährigen Leben, ganz alleine und las folgende Worte, die ich nach meiner Rückkehr ins „leere" Hotelzimmer geschrieben hatte:

Ich brauche mich

Ich brauche mich um zu mir zu finden.
Ich brauche mich und niemand Anderes.
Das bedeutet nicht, dass ich meine Freunde, Familie und neue Begegnungen nicht schätze. Doch ich brauche mich im Moment am meisten und intensivsten. Nachdenken, in mich hören. Mich selbst wieder spüren und fühlen. Mein Licht wieder an die Oberfläche lassen.

Ich liege im Hotelzimmer und schreibe diese Zeilen. Ich habe für ein paar Minuten die Augen geschlossen. Ein paar Etagen über mir hämmert es. Renovierung. Sanierung. Ein Neuanfang. Wie passend.
Ich konzentriere mich auf meinen Atem und empfinde dieses dumpfe Geräusch, das Hämmern, als sehr angenehm. Ich stelle mir vor, wie man immer mehr und mehr hämmert und gräbt, den alten Schutt, die Mauern, die Maske beiseite räumt um zum Ziel, zum Innern zu kommen. Zum Licht. Ich nehme meine Gedanken dankend an. Ich freue mich hier zu sein. Im Hier und Jetzt. In genau diesem Leben. In meinem Leben.

Auf meiner Reise.

Ich überstand meinen ersten Flug ganz alleine mit Bravour, bekam in Köln als allererstes meinen Koffer und kam entspannt und voller Vorfreude auf meine nächste Reise zu Hause an.

Bist du schon einmal alleine gereist? Geplant oder ungeplant? Würdest du es noch einmal tun? Was würdest du anders machen? Was genauso wie beim ersten Mal?

Bevor es für mich nun auf meine zweite Reise allein nach Barcelona ging, stand noch ein Programmpunkt zu Hause auf dem Plan. Und zwar: Ein neues Zuhause. Ich entschied mich vor einem Monat (Juni 2018) dazu, mir eine neue Wohnung zu suchen. In einer neuen Stadt. Zwar nur eine halbe Stunde Fahrt von meiner jetzigen Wohnung entfernt, aber doch so anders. Denn meine „Stadt", in der ich aufwuchs und lebte, ist keine Stadt sondern ein Dorf. Man kennt sich. Ich wollte schon immer mal in die richtige Stadt. Weg von dem Gewohnten. Etwas neues wagen. Und nun war es soweit. Ich schaute mir eine Wohnung in Köln an. Zusammen mit einer Freundin, die bis vor kurzem noch ganz in der Nähe gewohnt hatte, ebenfalls vom Dorf kam und sich mit den Gegebenheiten in der Stadt und den Unterschieden zum Dorf auskannte. Zudem kannte sie sich mit mir aus. Wir waren pünktlich an der erhaltenen Adresse, parkten, klingelten und gingen ins Haus. Es war ein altes Haus, mit einem sehr alten Flur. Ich hatte jedoch kaum Gelegenheit mich weiter umzuschauen, denn ich hörte hinter mir bereits meine mich wie gesagt gut kennende Freundin sagen: „Nina, du wohnst nicht im Hausflur! Warte bitte erst mal die Wohnung ab.." Das tat ich dann auch, denn auch Vorurteile gehörten zu meinem alten Ich und somit nicht mehr zu mir. Wir kamen in die Wohnung und waren beide sofort hin und weg. Ich unterhielt mich mit der derzeitigen Mieterin, die mir erzählte, dass sie innerhalb eines Tages 150 Anfragen für die Wohnung erhielt. Ich staunte nicht schlecht, überreichte ihr jedoch mit großer Zuversicht meine Unterlagen und hatte damit schon halb gewonnen. Denn sie schrieb mir bereits am nächsten Tag, dass ich die Einzige mit vollständigen Unterlagen gewesen wäre und sie diese inklusive Empfehlung an die Vermieter weiterleiten würde.

Ein weiterer Begleiter meiner zweiten Reise allein war also die Spannung, ob mein erster geplanter und freiwilliger Umzug (dazu später mehr) schon bald in Erfüllung gehen würde.

Kapitel 3

Meine zweite Reise allein

Und nun stand meine zweite Reise allein kurz bevor. Diese Zeilen schrieb ich fünfeinhalb Stunden bevor mein Wecker klingelte und ich bereits siebeneinhalb Stunden später das zweite Mal in meinem Leben alleine im Flugzeug sitzen würde. Ich freute mich wahnsinnig darauf. Es ging für drei Tage nach Barcelona. Meiner eigentlich ersten Reise allein. In Barcelona war ich bereits vor einigen Jahren gewesen. Abschlussfahrt der Höheren Handelsschule. Jedoch hat man auf Klassenfahrten meist mehr als Kunst und Kultur im Sinn. Somit beschränkte sich der ohnehin schon kurze Besuch der Stadt auf den Park Güell, das Museum von Gaudi und eine Tapas Bar in der Innenstadt. Trotz dieser wenigen Stunden behielt ich Barcelona in guter Erinnerung. In wohl so guter, dass sie die erste Stadt war, die mir in den Sinn kam, als vor ein paar Monaten der Gedanke aufkam, alleine in den Urlaub zu fliegen. Und es sollte wohl auch so sein, denn als ich eines abends zu Hause saß und mir der Gedanke des Alleine Reisens wieder in den Sinn kam, erhielt ich passenderweise einen Newsletter von einem Reiseanbieter mit einem Hotelangebot für… DingDingDing: Barcelona. Das schaute ich mir natürlich umgehend an. Ein umgebautes Theater als Hotel. Mehr brauchte ich gar nicht zu wissen. Es war um mich geschehen und mein Wunsch des Alleine Reisens verfestigte sich. Aus einem Wunsch wurde ein Plan. Ein konkretes Ziel. Ich buchte das Hotel sofort. Jedoch beinhaltete die Buchung die Option bis zwei Tage vor der Anreise kostenfrei zu stornieren. Das war mir nicht fix genug. Somit buchte ich meine Flüge direkt hinterher. Fix und ohne Option auf eine Stornierung.

Ich freute mich und erzählte direkt jedem davon, dass ich drei Tage nachdem ich aus Mallorca wieder kommen direkt nach Barcelona fliegen würde. Die erste Reaktion von allen: „Wow schön!" Die zweite Reaktion und Frage: „Mit wem?" „Ich fliege alleine! Das wollte ich schon immer mal ausprobieren und ich freue mich riesig!" Lautete meine Antwort. Die Reaktionen auf diese Aussage waren gemischt. Die meisten meiner Freundinnen fanden es toll, dass sich mein Wunsch zu einem Plan entwickelte, ich das mit der Buchung einfach mal gemacht hatte und diese Erfahrung des Alleine Reisens machen würde. Es gab natürlich auch Stimmen in meinem Umfeld, die sich äußerlich zwar freuten, sich jedoch (und solche Dinge kann man nun nicht gut verstecken) innerlich fragten, was mit mir nicht stimmte. Doch davon lies ich mich nicht beirren.

Und so war es nach nur drei Tagen zu Hause und meinem ersten Urlaub allein soweit. Mein Start in die nächste Reise alleine ging mir sehr leicht von der Hand. Ich stand voller Vorfreude auf, packte meine Sachen ganz in Ruhe, räumte meine Wohnung auf, bezog das Bett neu und brachte den Müll runter. Der Weg zum Flughafen fühlte sich so leicht an als würde man wie jeden Morgen zur Arbeit fahren. (Alle die mich kennen, werden jetzt schmunzeln. Für alle anderen: Ist es auch, denn ich arbeite nun mal dort. Doch trotzdem fährt man mit einem anderen Gefühl zum Flughafen, wenn man weiß es geht in den Urlaub und nicht ins Büro.)

Leicht ist an dieser Stelle ein ganz besonders gutes Stichwort. Auf meiner Mallorca Reise vor einigen Tagen war ich mit großem Koffer und Handgepäck geflogen. Packen á la „den Platz, den ich habe, nutze ich auch." Resultat: 24kg auf der Hin- und tatsächlich auch auf der Rückreise. Auf der Hinreise hatte mich diese Last nicht sonderlich gestört. Auf meiner Rückreise empfand ich diesen großen und vor allem schweren Koffer jedoch als störend und überflüssig. Somit freute ich mich sehr auf meine Handgepäck-Reise nach Barcelona. Ich ermahnte mich beim Packen selbst und packte nur das ein, was ich wirklich brauchte und auch anziehen würde. Kleidungsstücke, die man gut kombinieren konnte. Es passte alles wunderbar. Ein kleiner Handgepäckkoffer plus Handtasche. Passt und reicht. Mit diesem Gepäck saß ich nun am Gate und schrieb diese Zeilen. Das Boarding hatte soeben gestartet. Ich saß ganz entspannt auf meinem Platz und wartete. Ich bin keine von den Passagieren, die beim Hauch einer Chance aufs Boarding aufspringt. Meist warte ich bis ganz zum Schluss. Aber umso besser, dass viele meiner Mitfliegenden so, nennen wir es mal „deutsch" waren und direkt los stürmten, denn sonst würde ja niemand den Anfang machen.

Intuition

Mai 2018

Ein paar Tage bevor ich nach Mallorca flog, machte ich zu Hause Bekanntschaft mit einer uralten Freundin, die ich längere Zeit nicht mehr gesehen hatte. Meiner Intuition. An einem meiner freien Tage zog mich etwas in die Stadt.

Ich fuhr also los, parkte mein Auto und schlenderte durch die Straßen. Ich kaufte mir in einer schnuckeligen Bäckerei ein Teilchen, genoss die Sonne und die frische Luft und ließ mich treiben. Ich lief weiter durch die Straßen und bog ohne nachzudenken links ab. Ich befand mich in einer Straße, in der ich noch nie gewesen war. Doch ich liebte sie auf Anhieb. Ein kleines Café auf der rechten Seite, eine Galerie auf der linken Seite. Ich dachte, ich kannte die Stadt. Doch wie in jeder großen Stadt, lernt man mit jedem Besuch neue Winkel und Ecken kennen. Ich blieb stehen und schaute mir die Galerie an. Beeindruckend. Ein einziges Exponat stand in einem riesigen, weißen Raum und zog mich in seinen Bann. Ich träumte vor mich hin. Mein eigenes Atelier. Ein kleiner Traum, den ich bereits lange in mir trage. Ich habe so viele Ideen. Ich muss sie nur umsetzen. Machen. Einfach mal machen. Und das machte ich dann auch. Ich schlenderte weiter durch die Straßen. Genoss mich und meine Freiheit. Und siehe da, ich kam an vier oder fünf weiteren Galerien vorbei. Jede einzelne hatte ihren eigenen Charme und zog mich auf eine bestimmte Weise in ihren Bann. Es fühlte sich gut an auch mal vom gewohnten Pfad, von den gewohnten Straßen abzuweichen und Neues zu entdecken. Mir kam ein Gedanke: Das heute war eine perfekte Vorbereitung für meine erste Reise alleine in genau einem Monat. Ich freute mich noch ein bisschen mehr darauf. Einfach seiner Intuition folgen und machen. Herrlich! Und ich hatte keine Ahnung, wie nah mir meine uralte Freundin auf meinen nächsten Reisen sein sollte.

Mein Flug ging pünktlich und nach zwei Stunden landeten wir am Flughafen von Barcelona. Da ich nur mit Handgepäck geflogen war, konnte ich nach der Landung schnurstracks in Richtung Ausgang gehen. Ich genoss die warme Luft, schaute nach links und rechts und fragte mich, wo genau mein Bus, den ich bereits vorab gebucht hatte, wohl abfahren würde. Ich ging intuitiv nach links. Ich fragte auf halbem Weg einen Taxifahrer, der mir mit seiner Antwort bestätigte, dass ich mich auf meine Intuition verlassen konnte und in die richtige Richtung ging.

Ich erreichte den Bus, der wiederum nach gut zwanzig Minuten das Zentrum von Barcelona erreichte. Placa Catalunya. Einer der Hauptverkehrsplätze der Stadt. Busse und Menschen so weit das Auge reicht. Ich tippte die Adresse meines Hotels ins Handy-Navi ein und ging los. Mitten über die Ramblas[7]. Ich fühlte mich gut und lief strahlend durch die Straßen. 400m, 300m, 200m.. Falsch abgebogen. Wieder zurück und weiter. Nun bog ich richtig ab und kam vorbei an einem Haus, welches auf Grund der vielen Fotowütigen Menschen davor in einem ganz eigenen Licht erstrahlte. Ich las den Namen auf dem Haus: „Güell". Eine sehr bekannte Familie der Stadt mit viel Geschichte. Ich ging jedoch weiter und merkte mir dieses Haus für später. Erst einmal wollte ich meinen Koffer los werden. Die nächste Straße rechts. Ich war auf dem richtigen Weg. Es wurde ruhiger. Kaum Touristen. Wobei ich ja auch nicht unbedingt ein Tourist sein musste. Es könnte ja auch sein, dass ich hier lebe und gerade von einer Reise nach Hause kam. Jaja, die Vorurteile, dass man Touristen immer an ihrem Koffer oder dem nach vorne gedrehten Rucksack erkennt..

Weiter ging es. Links, rechts, geradeaus und … was für ein Gestank! Ich hatte selten in meinem Leben so einen beißenden und widerlichen Gestank vernommen. Ich atmete durch den Mund .. und hörte ganz schnell wieder damit auf. Es schmeckte säuerlich! Ihhhh.

Was war das bloß? Die Gegend war nicht die schönste, ein kleiner Platz, eine Schulklasse die auf einem Spielplatz spielte und ein paar Meter weiter Menschen, die auf der Straße lebten. Doch so etwas hatte ich noch in keiner Stadt gerochen! Ich ertappte mich dabei wie ich plötzlich schneller ging und bog in die nächste Straße rechts ein. Ich lief auf mein Hotel zu und ermahnte mich selbst zur Ruhe zu kommen.

Der Gestank war glücklicherweise seit der letzten Abbiegung verschwunden so konnte ich ein paar Mal tief ein- und ausatmen.

---

7   über 1 km lange Promenade im Zentrum der Stadt

Der Eingang des Hotels war sehr einladend. Ich war natürlich um 10.30 Uhr noch zu früh um Einchecken zu können, jedoch konnte ich den Koffer in einem Schließfach für 2€ lassen. Ich war schon auf dem Weg nach draußen, als ich merkte, dass ich vergessen hatte meine Jacke mit einzuschließen und ließ meine Sachen somit in einem Schließfach für 4€. Seis drum. Meine Sachen waren sicher und ich war erleichtert nur noch meine Handtasche bei mir zu haben. Immer noch verwirrt über diesen Gestank und die Gegend ging ich zur Rezeption und fragte nach einem anderen Weg zu den Ramblas, da die Gegend „not so nice" ist. Eigentlich wollte ich nur diesem Gestank nie wieder begegnen. Das sagte ich natürlich nicht.

„Don't worry", sagte mir die junge Rezeptionistin. Sie erzählte mir, dass die Gegend nicht kriminell oder schlimm ist und beschrieb mir einen anderen Weg zu den Ramblas. Diesen beschritt ich. Links, rechts, Hauptstraße, großer Platz, Ramblas, alter Hafen. Das ging schnell. Zwischendurch machte ich ein Foto von der auf dem Weg liegenden Metro Station, damit ich diesen Weg leicht wieder finden konnte. Das mache ich übrigens mittlerweile auch von meinem Parkplatz, wenn ich im Parkhaus parke, egal ob ich es kenne oder nicht. Sicher ist manchmal doch sicher und so hat man den Kopf frei für andere, wichtigere und vor allem schöne Dinge.

Ich schlenderte am Hafen entlang und genoss die Sonne. Ich folgte weiterhin meiner Intuition, die mir sagte, dass ich wieder auf dem richtigen Weg war. Denn ich wollte zum Strand. Barceloneta. Zwischendurch fragte ich an einem Kiosk nach dem Weg, erhielt wieder die Bestätigung, dass ich richtig ging und setzte meinen Weg fort. Ich ging durch ganz viele kleine verschiedene Gassen und war überwältigt von der Architektur dieser Stadt. Jedes Haus hatte seinen eigenen Charme. Zauberhaft.

Kaum am Strand angekommen, setzte ich mich in den Sand und kam in Barcelona und bei mir selbst an. Ich blieb eine halbe Stunde einfach sitzen, beobachtete die Leute, die Stand-Up-Paddeler und überlegte mich einfach auszuziehen und ins Wasser zu springen. Doch nein, heute nicht. Ich bin zwar mittlerweile sehr spontan, doch ich hatte keine Tasche, keine Handyhülle und kein Handtuch dabei. Spontan: Ja. Nass sein ohne Handtuch oder Wechselkleidung: Nein.

Zumindest nicht heute. Ich war zufrieden mit meiner Entscheidung und ging nach einer weiteren halben Stunde zurück. Ich lief durch weitere zauberhafte Gassen, machte das ein oder andere Foto und fand mich irgendwann auf den Ramblas wieder.

Der Hunger packte mich. Ich lief vorbei an einem kleinen Laden mit leckeren Baguettes, bestellte eins, setzte mich raus und aß in Ruhe. Es schmeckte köstlich und tat gut. Als die Rechnung kam blieb mir der letze Bissen jedoch fast im Halse stecken: 7 €. Für ein kleines Baguette. Nun ja, ich war satt und wusste, dass ich auf den Ramblas nichts mehr essen würde. Das hätte ich mir auch denken können.

Ich ging zum Mercat de la Boqueria[8] und schaute mich ein bisschen um. Ich gönnte mir ein frisches Eis aus purer Kokosnuss. Es schmeckte gut und war erfrischend. Ich ging weiter und fand mich einige Minuten später vor dem Kunst-Museum wieder. Die Empfehlungsliste für Sehenswürdigkeiten in Barcelona einer meiner Dozenten fiel mir wieder ein. Ich öffnete sie auf dem Handy und musste schmunzeln. Meine Intuition hatte mich gut die Hälfte der Dinge auf der Liste heute von ganz alleine, ganz intuitiv sehen und erleben lassen. Ich war zufrieden. Zufrieden mit diesem Tag und mit mir selbst. Ich schaute mir, während ich mein Eis zu Ende aß, die Skater vor dem Kunst-Museum an und ging weiter. Ich spürte, dass ich so langsam müde wurde und mir sehr warm war. Ich ging ein paar Straßen und Gassen weiter in einen kleinen Laden. Die Klimaanlage tat gut. Ich zog durch ein paar weitere Läden. Ich wurde noch müder und entschied mich dazu, zurück zum Hotel zu gehen. Es war mittlerweile 16.00 Uhr und somit spät genug um mein Zimmer zu bekommen. Ich holte mir eine Flasche Wasser und freute mich, dass ich von keinem der Restaurant-Verkäufer auf den Ramblas angesprochen wurde. Ich schätze, dass ich nicht als Tourist auffiel. Ich war alleine, ging schnellen Schrittes und trug meinen Rucksack nicht vor der Brust.

Im Hotel angekommen konnte ich sofort in mein Zimmer. Es lag im 5. Stock. Ich kam herein und war begeistert. Hell, freundlich, modern, ein offenes Badezimmer, und Klimaanlage (Halleluja! Nach 11 Tagen ohne Klimaanlage in Cala Ratjada ein Segen). Ich ging ausgiebig duschen und cremte mich ein (mein Sonnenbrand aus Mallorca machte mir noch immer zu schaffen. Merke: Selbst wenn man bereits Braun ohne Ende ist, geht man nicht (nie) ohne Sonnencreme in die Sonne! Man lernt ja nie aus und muss leider auch mal Fehler machen um daraus zu lernen).

Ich legte mich ins Bett und schaute The Big Bang Theory auf spanisch (auf Grund meiner langjährigen Erfahrung mit dieser Serie, wusste ich so oder so was gesagt wurde) und schlief fast ein. Wir hatten 18.00 Uhr. Ich war seit über 12 Stunden auf den Beinen. Doch ich hatte Hunger, wollte aber nicht aufstehen. Ob es einen Room Service gab? Ich raffte mich auf, ging runter zur Rezeption und fragte, ob es möglich sei online essen zu bestellen und es ins Hotelzimmer liefern zu lassen und freute mich über die positive Antwort. Ich ging zurück aufs Zimmer und lud mir das spanische deliveroo auf mein Handy. Nachdem ich feststellen musste, dass entweder die Speisen sehr begrenzt waren oder ich die Anwendung der spanischen App nicht ganz verstanden hatte, machte ich mich doch noch auf den Weg in ein Restaurant in der Stadt. Ich hatte mir vorab online etwas rausgesucht was mich sehr ansprach. Typisch für den ersten Abend in Spanien gab es: Nudeln. Nicht typisch spanisch, aber dafür typisch Nina. Ich hatte Lust drauf, habe ein gemütliches und sehr leckeres Restaurant gefunden, eine kurze Unterhaltung mit einer süßen Familie geführt, auf dem Rückweg einen Rucksack ergattert (ich habe meinen zu Hause gelassen, aber die morgige Rad Tour vergessen, auf der ich gerne mein Hab und Gut und etwas zu trinken bei mir haben wollte) und machte mich satt und müde auf den Rückweg ins Hotel. Und hier schrieb ich diese Zeilen. In meinem klimatisierten Zimmer liegend und einen unverständlichen Fernsehsender schauend. Aber es ging mir nur um Hintergrundgeräusche. Manchmal brauche ich absolute Ruhe zum Schreiben, manchmal brauche ich Geräusche im Hintergrund. Ich ließ den ersten Tag Revue passieren. Ich hatte am heutigen Tag viele unschöne Ecken und sehr viel Armut gesehen. Das ist natürlich oft in Großstädten so, wenn ich zu Hause durch Köln laufe, dann ist es ähnlich. Doch der generelle Standard hier (in Barcelona und auch in Cala Ratjada) ist weit weg von unserem Standard zu Hause. Positiver Nebeneffekt: Man lernt seine „Standards", sein Leben und seine Heimat doch sehr zu schätzen!

Und das ist gut so. Auch das gehört zu (m)einer Reise dazu. Was brauche und möchte ich und vor allem was möchte ich nicht. Sehr wichtige Fragen.

Wie beantwortest du diese Fragen für dich? Was brauchst du? Was möchtest du und was möchtest du nicht (mehr)?

Beim nachdenken über diese Fragen schlief ich schnell ein und wachte sehr erholt auf. Ich freute mich, auf das hervorragend bewertete Frühstück und wurde nicht enttäuscht. Ich setzte meine Morgen-Routine von zu Hause fort, trank einen Pfefferminz Tee und frühstückte köstlich. Ich machte mich nach dem Frühstück auf den Weg in die Stadt zu einer bereits zu Hause gebuchten, dreistündigen Fahrrad-Tour mit Guide quer durch Barcelona. Es war eine wundervolle Tour. Viele schöne Plätze, Parks und Straßen, die Casa Batló, die Sagrada Familia, dem spanischen Arc de Triomf und einigen Dingen die ich bereits gestern erkundet hatte. Ich führte schöne Gespräche mit einer Mutter und ihrer Tochter. Auch die Tochter sollte in ein paar Wochen das erste Mal alleine reisen und ich freute mich darüber, ihr von meinen beiden Reisen alleine zu berichten, ihr Mut zu machen und ihre Vorfreude größer werden zu lassen. Wir unterhielten uns mit dem Tour-Guide und machten gegenseitig Fotos von uns vor den bekannten Bauwerken der Stadt. Ich fühlte mich so frei und froh auf dem Fahrrad durch die Stadt zu fahren, dass ich beschloss auch zu Hause mehr Rad zu fahren. Nach der Tour verabschiedeten wir uns alle voneinander und ich stellte fest, dass wir erst 14.00 Uhr hatten.

Ich entschloss mich dazu mich auf den Weg zu den Bunkern von Barcelona, hoch über der Stadt zu machen. Und auch an meinem zweiten Tag konnte ich mich blind auf meine Intuition verlassen. Ich gab die Adresse der Bunker in mein Navi ein und merkte mir den ersten Teil des Weges. An jeder Ecke, an der meine Intuition sich meldete, schaute ich auf mein Navi und siehe da, an jeder (!) dieser Ecken war es genau der Zeitpunkt an dem ich abbiegen musste. Wunderschönes Gefühl, sich so auf sich selbst verlassen zu können. Ich lief und lief und lief. Zwei Stunden am Stück. Bergauf wohl gemerkt. Denn ich wollte ja hoch oben den Ausblick über die Stadt genießen. Und ich wurde nicht enttäuscht. Es lohnte sich und ich war stolz auf mich nicht umgekehrt zu sein. Denn es gab die ein oder andere Stelle, an der mein innerer Schweinehund sich zu meiner Intuition gesellte und sie wegschubsen wollte. Doch: Heute nicht, mein Freund! Meine Intuition, meine Willensstärke und mein Kampfgeist setzten sich durch. Und ich wurde belohnt. Was ein Ausblick und was für ein Gefühl.

Ich verweilte, sprach zwei Jungs an, ob sie ein paar Fotos von mir machen könnten, machte Fotos von ihnen und war einfach rundum zufrieden. Nach einigen tiefen Atemzügen, machte ich mich auf den Rückweg und ging langsam den Berg hinab. Diesmal einen anderen Weg. Ich kam an einer Bushaltestelle vorbei. Verlockend. Doch ich ging zu Fuß weiter. Stolperte über ein paar mit Graffiti gesprayte Herzen auf meinem Weg. Der Satz „Tourist Go Home", der mir auf meinem Weg hier hoch bereits öfter begegnet war und mir ein bisschen Unwohlsein verschaffte, wurde hier von Neongelben Herzen übertönt. Die Liebe siegt. Immer.

Weiter unten traf ich auf die nächste Bushaltestelle, an der direkt ein Bus kam. Der Fahrer erklärte mir, dass ich um zu meinem Ziel zu gelangen die gegenüberliegende Bushaltestelle nutzen musste. Ich stieg aus und wollte nun doch zu Fuß zurück gehen. Ich drehte jedoch nach zwei Minuten wieder um. Ich war hundemüde und hatte nur noch 14% Akku. Irgendwas (vermutlich auch hier meine Intuition) sagte mir, dass ich den Bus zurück zum Plaça Catalunya nehmen sollte. Also ging ich zur gegenüberliegenden Bushaltestelle, stieg in den ersten Bus der kam Richtung „Plaça Espanya" (sagte mir auch etwas) und stieg ein. Ich setze mich gemütlich hin, schaute nach draußen und genoss die Fahrt. Auf der Hälfte der Strecke (ich schaute im Handy nach wie viele Kilometer es ungefähr bis zum Plaça Espanya waren) drehte ich mich intuitiv um. Hinter uns ein weiterer Bus mit der Aufschrift „Plaça Catalunya". Mein Plaça. Ich stieg an der nächsten Haltestelle aus und um. Ich freute mich wie ein kleines Kind über diese glückliche Fügung und fuhr bis zum Plaça Catalunya. Was für ein Tag! Wahnsinn! Und das sollte es noch nicht gewesen sein!

Auf dem Weg ins Hotel schlenderte ich noch durch ein paar Gassen und Geschäfte in der Stadt. Jede Ecke, genauso wie jedes Haus, hatte auch hier seinen Charme. Ich ging über einen kleinen Platz, blieb ruckartig stehen und verzog das Gesicht. Dieser „Charme" kam mir leider bekannt vor. Da war er wieder! Dieser Gestank, den ich bereits an meinem ersten Tag vernommen hatte. Ich schaute mich um und mir fiel auf, dass ich von genauso vielen Bäumen umgeben war, wie bei meiner ersten Begegnung mit diesem Gestank. Konnte es…? Auch hier sagte meine Intuition: „Ja, konnte es!" Ich holte mein Handy heraus, gab ein „stinkende Bäume Barcelona" und war auf einen Schlag um zwei Erfahrungen reicher. Meine Intuition lag richtig. Es handelte sich um die sogenannten Gingko Bäume, die nicht nur in Barcelona, sondern auch in Deutschland in der Nähe von Parks und Gärten für Aufregung (bzw. Übergeben) sorgten. Ich musste lachen. Zum einen war ich erleichtert, dass ich nun wusste, woher dieser Gestank kam, zum anderen musste ich feststellen, dass ein Gestank dafür sorgte, dass ich mich in einer ganzen Gegend unwohl fühlte. Vielen Dank Ginko Baum, dich werde ich auf zwei Arten nie wieder vergessen!

Zurück im Hotel angekommen, duschte ich, ruhte mich ein wenig aus und ging etwas essen. Heute wieder nicht typisch spanisch, aber wieder typisch Nina: Burger. Ich hatte ein Restaurant am Hafen empfohlen bekommen. Gott sei Dank! Der Burger war zwar nur in Ordnung, aber diese Pommes! Pommes mit Knoblauch & Parmesan. Einer der besten Pommes, die ich in meinem Leben gegessen hatte. Ich genoss sie, genoss mein Leben, schlenderte nach dem Essen gemütlich ins Hotel und schrieb ein wenig. Irgendwann schaltete ich den Flugmodus in meinem Handy ein, da ich nicht gestört werden wollte. Nachdem ich einiges geschrieben hatte und stolz auf mich war, legte ich mich, müde vom Tag und diesen ganzen Eindrücken, schlafen. Doch ich konnte nicht einschlafen. Ich war hellwach. Ich schaute etwas fern, schaltete ihn jedoch schnell wieder aus. Ich versuchte es mit einem Hörbuch. Schaltete es jedoch ebenfalls schnell wieder aus. Ich lag rum und versuchte einzuschlafen. Immer noch hellwach. Aus einem guten Grund. Denn plötzlich überkam mich ein Gedanke: Der eingeschaltete Flugmodus in meinem Handy!
Was wenn die Vermieter der Wohnung, auf die ich so sehr hoffte,

mich anrufen würden? Wir hatten kurz nach halb zehn und ich hatte den Flugmodus erst eine gute Dreiviertel Stunde eingestellt. Doch dieses Gefühl lies mich nicht los. Ich schaltete den Flugmodus aus und ... siehe da! Eine unbekannte Nummer. Ich blendete die Uhrzeit aus (der Anruf war auch erst von vor einer halben Stunde) und rief zurück und konnte es nicht glauben!

Es war die Vermieterin der Wohnung und was noch schöner war: Ich konnte die Wohnung haben, wenn ich wollte!! Oh mein Gott! Natürlich wollte ich! Wir sprachen kurz, verabredeten uns zum erneuten Telefonat am nächsten Montag um einen Termin für Ende der Woche zum Unterschreiben des Vertrages zu machen. Ich legte auf.

Und was passierte mit mir? Mein Kopf setzte aus und ich jauchzte, lachte und hüpfte einfach auf meinem Bett herum!! Ich war voller Freude. Ich konnte es kaum glauben. Ich tanzte durchs Zimmer, lief los und sprang aufs Bett. Was für ein Gefühl. Ich war so sehr in meinem Element. Mein inneres Kind machte Luftsprünge und ich hüpfte weiter auf dem Bett herum, sprang hoch, lachte, tanzte durch mein Zimmer und freute mich wahnsinnig.

Ich nutzte die Gelegenheit, mein weiches Bett und den riesigen Spiegel direkt neben dem Bett und machte ein Foto Shooting mit mir selbst. Meine Slow Motion Funktion am Handy glühte, denn vor lauter Freude sprang ich nicht nur auf dem Bett herum, sondern nahm Anlauf und sprang (flog) in mein Bett:

Ich liebte diese Bilder sofort! Ich liebte mich. Ich liebte mein Leben. Ich war meiner Intuition dankbarer als jemals zuvor und freute mich auf alles was kommen sollte!

Hörst du auf deine Intuition? Lässt du sie zum Vorschein kommen? Was sagt sie dir?

Kapitel 4

Abschied

Und alles, was kommen sollte, kam nach meiner Barcelona Reise ziemlich schnell. Und so kam es ebenfalls, dass ich mich an einem ganz normalem Tag plötzlich von meiner Heimat verabschiedete. Als ich diese Zeilen schrieb befand ich mich inmitten einer ungeplanten Verabschiedung. Ich saß auf einer Bank im Schatten mit Blick auf den Rhein und ich lächelte mal wieder vor mich hin und in mich hinein. Ich hatte einen Tag Urlaub. Ich hatte angefangen eine Hausarbeit zu schreiben (über die Geschichte des Reisens - wie passend), war einkaufen, bin danach zu Fuß zur Bank gegangen, hatte meine Kaution für die neue Wohnung abgeholt und mich dann auf den Weg zu einem Termin im Nachbardorf gemacht.

Fußweg: Gute 40 Minuten.
Erinnerungen auf dieser Strecke: Unzählige.

Ich ging vorbei an Häusern und Wohnungen von alten Freunden. Vorbei an meinem Kindergarten und meiner Schule. Vorbei an einem Haus, an dem wir damals beim Laternensingen Orangen und Walnüsse anstatt Süßigkeiten bekommen haben. Ich erinnerte mich an unsere verwirrten Gesichter als wäre es gestern gewesen. Ich ging vorbei an Wohnungen, in denen ich selbst gewohnt hatte. Vorbei an dem Haus, welches mein Opa selbst mit aufgebaut hatte und in dem wir einige Jahre gewohnt haben. Vorbei an einer Neubausiedlung, auf dessen Platz vorher ein großes Möbelhaus stand, in dem ich mit Freundinnen unzählige Stunden in der Dekorationsabteilung verbracht hatte. Ich machte kurz Halt vor einem Geschäft, welches schon immer da war: Schreibwaren Metzger. Ich war entsetzt, als mein Blick das innere des Ladens entdeckte. Leer. Alles rausgerissen. Das hätte ich nie gedacht. Doch ein Ende ist auch immer ein Neuanfang. Ich ging weiter. Vorbei an anderen Geschäften, die umgezogen waren. Unsere Eisdiele. Unser Bäcker. Vorbei an der allerersten Bar, die seit Jahren bereits ein Wohnhaus war, in der wir als

Jugendliche gefeiert hatten. Ich kannte hier einfach alles. Mir wurde während meines Spaziergangs bewusst - so richtig bewusst - dass ich bald weg ziehen würde. Doch ich wurde nicht traurig, sondern freute mich. Ich nahm meinen Termin wahr und entschied mich auf dem Rückweg nicht denselben Weg zurück zu nehmen, sondern am Rhein entlang zu spazieren. Es ging vorbei an meinem Lieblingsspielplatz und vorbei an dem kleinen Bagger, den ich mir damals mit meiner Omi immer ganz fasziniert angeschaut hatte. Vorbei an der Wand, an der ich Karneval mit einer Freundin gelehnt hatte, weil wir zu viel getrunken hatten.

Und nun schwelgte ich auf der Bank am Rhein in Erinnerungen und freute mich über mein Leben. Meine Reise, die bereits hinter mir lag und vor allem auf die, die vor mir liegt. Ich freute mich auf und über meinen fast 20. Umzug. Auch hier ist das Ende von etwas immer ein Neuanfang und mir war es mittlerweile egal, was die Leute dachten. Als ich in den vergangenen Wochen mit einigen Leuten über meinen geplanten Umzug sprach, hörte ich oftmals die selbe Aussage:
„Du Arme! Schon wieder ein Umzug?" Du tust mir richtig leid!"
Ach ja? Ich mir nicht! Es sollte zwar mein 5. Umzug in 4 Jahren werden und mein 20. Umzug in meinem ganzen Leben, doch ich freute mich und jeder dieser Umzüge hatte bis jetzt sein Gutes und seinen Sinn. Ich bin selbst gespannt, wo es mich irgendwann hinziehen wird. Wo meine Kinder aufwachsen werden. Ich möchte mit meinen Kindern reisen und ich möchte das meine Kinder ohne mich reisen, doch ich möchte auch ein Haus beziehungsweise ein Zuhause, in das ich und meine Familie immer wieder zurück kehren. Ein Zuhause, in dem an den Türrahmen die Größen der Kinder markiert sind. Und bis dahin genieße ich meine wechselnden Wohnungen und Orte sehr.

Kapitel 5

Frei sein

Und wieder konnte es kein Zufall sein, dass ich beim Spiritual Sunday[9] dabei war. Wie der Name schon verrät handelt es sich um den Sonntag. Ich hatte mir meinen Wecker auf 08.00 Uhr gestellt. Die letzte Nacht konnte ich nicht gut schlafen, es war viel zu warm. Als mein Wecker klingelte, hätte ich ihn gerne ausgemacht und mich einfach umgedreht. Doch ich erinnerte mich selbst daran, warum ich aufstehen wollte. Ich freute mich auf den Spiritual Sunday und die Zeit mit mir. Also stand ich, ohne mich noch einmal umzudrehen auf, machte mich frisch und richtete mir mein Lager auf dem Balkon ein. Meine Yogamatte, eine Decke, meinen Laptop und eine Tasse mit frischem Minztee. Mein Kater legte sich neben mich und ich war entspannt und voller Vorfreude.

09.00 Uhr. Es ging los. Heute gab es eine Meditation, die uns zu unserer inneren Wahrheit bringen sollte. Zusammen mit dem Mantra[10] „Sat Naam[11]" . Meine Gedanken schweiften innerhalb der Meditation oft ab. Ich hatte längere Zeit nicht mehr meditiert und musste erst einmal wieder reinfinden. Ich kam nicht so ganz bei mir an, aber diese Auszeit tat trotzdem gut und ich genoss es. Nach der Meditation folgten zwei Dankbarkeits-Minuten. Und in diesem Moment war ich voll bei mir. Zwei Minuten lang zählte ich alles auf, wofür ich dankbar war. Ich war dankbar für alle Erfahrungen, die ich bis jetzt gemacht hatte. Ich war dankbar für mein Leben, meine Freunde, meine Mama und ihren Freund. Ich war dankbar dafür, dass ich in den nächsten Tagen umziehen würde. Ich war dankbar, dass ich Möglichkeiten habe. Dankbar, dass ich Träume haben kann, aus denen Ziele und Pläne werden. Dankbar mich persönlich weiterentwickeln zu können. Dankbar immer eine Wahl zu haben.

---

9   Ein wöchentliches Webinar für pers. Wachstum und innere Stärke von
     Laura Malina Seiler
10   Eine Art der Manifestation
11   Bedeutet so viel wie „Ich bin die Wahrheit"

Dankbarkeit tut so gut. Es fühlt sich warm und magisch an.

Klangschalen signalisierten das Ende der zwei Dankbarkeits-Minuten. Ich fühlte mich. War ganz bei mir. Es fühlte sich gut an. Im Anschluss schaute Laura sich einige Fragen zur Meditation an, die von der Community gestellt wurden. Und da kam das Schicksal mal wieder ins Spiel. Eine Frage lautete:

Bin ich frei, wenn ich mich nur auf Reisen frei fühle?

Genau mein Thema. Ich war gespannt auf Lauras Antwort und mir schossen bereits die Tränen in die Augen, weil ich genau wusste, dass ihre Antwort etwas in mir bewegen würde. Mich bewegen würde. Ihre Antwort lautete:

„In dem Moment, wenn du etwas tun musst, um dich auf eine bestimmte Art und Weise zu fühlen solltest du einen Check machen. Freiheit ist etwas in dir, ganz egal an welchem Ort du bist. Es ist klar, dass man Freiheit mit reisen verbindet. Was du für dich noch mal schauen kannst ist, wie du es für dich schaffen kannst an dem Ort, wo du gerade bist, Freiheit zu empfinden. Weil du bist sonst nicht frei. Du bist nicht frei, wenn Freiheit bedeutet, dass Freiheit nur da ist, wenn du reist. Dann bist du nicht frei. Dann bist du gefangen im Reisen. In dem Moment, wenn du es schaffst, Freiheit immer zu empfinden, ganz egal wo du bist, weil es ein inneres Gefühl, eine innere Haltung ist, dann kannst du reisen, du kannst aber auch Irgendwo präsent sein.“

Auch Laura kannte dies aus ihrer Vergangenheit, aus ihrer eigenen Erfahrung und es war lange ein Muster in ihrem Leben: „Ich bin nur frei, wenn ich auf einem anderen Kontinent bin.“ Doch auch sie sagte, dass sie vor etwas weggelaufen war. Bei ihr waren es Beziehungen und Nähe. Die größte Freiheit hatte sie gefunden, als sie an einem Ort geblieben ist. Ihr Tipp: In sich rein fühlen, welche Freiheit man wirklich sucht.

Im wahrsten Sinne des Wortes „Das Wort zum Sonntag!".

Das alles brachte mich zum Nachdenken. Natürlich möchte ich reisen und frei sein, aber ich möchte nicht reisen, weil ich es muss um frei zu sein.

Ich spürte dass ich im Moment, kurz nach meinen ersten Reisen alleine, kurz nach diesen wunderbaren Erfahrungen, reisen würde um von der Fremdbestimmtheit wegzulaufen. Um, selbst für einen kurzen Moment, selbstbestimmt zu sein. Doch egal wie oft ich reisen würde, genauso oft würde ich zurück kommen. Ich würde weglaufen vor meinem Job, meinen Verpflichtungen und meinen Finanzen. Ich münzte meine Gedanken positiv um und fing wieder an dankbar zu sein. Dankbar für meinen Job. Ich fühle mich sehr wohl mit ihm und er ermöglicht mir einiges. Ich möchte meine Freiheit zu Hause und in mir finden, um ohne Hintergedanken reisen zu können. Und mir kamen dazu folgende Worte in den Sinn

Selbstständigkeit

Ja, ich wäre gerne selbstständig. Selbstbestimmt. Frei. Heute hatte ich jedoch eine Erkenntnis zu diesen Gedanken:
Das bin ich doch schon längst! Selbstständigkeit hieß für mich immer: Ein selbstbestimmter Job. Doch Selbstständigkeit bedeutet viel mehr als das. Mir wurde heute bewusst, dass ich bereits selbstständig bin. Ich führe ein selbstbestimmtes Leben. Ich bin frei.

Jeder von uns hat die Wahl selbstständig zu sein. Ob nun auf einen Job oder aber sein eigenes Leben bezogen.
Erkennt euch für das an, was ihr seid und alles bewältigt und bewirkt habt. Was habt ihr schon alles in eurem Leben geschafft? In welchen Situationen wart ihr selbstständig, selbstbestimmt und frei?
Mir fallen auf Anhieb ganz viele Momente und Situationen meines Lebens ein. Erst vor zwei Monaten habe ich mich entschlossen das erste Mal alleine zu Reisen, ein Urlaubssemester innerhalb meines Studiums einzulegen, mein Buch auch wirklich zu veröffentlichen und umzuziehen.
Alles aus freien Stücken. Ich habe wundervolle Entscheidungen für mich

und mein Leben getroffen und mich selbstständig um alles gekümmert. Und gerade sitze ich im Büro, vertrete meine Kollegen und meinen Chef und gehe total auf.

Was macht das alles mit mir? Ich bin unheimlich stolz auf mich! Meine Selbstständigkeit, Selbstbestimmtheit und meine Freiheit.

Ich bin noch nicht in allen Bereichen so selbstbestimmt wie ich es gerne hätte, doch ich befinde mich auf einem guten Weg und genieße ihn.

Kapitel 5a

Freiheit gefunden

August 2018

Hier war er nun: Der erste Tag in meiner neuen Wohnung. Es fühlte sich gut an. Richtig gut. Und einfach richtig. Es war wunderbar und so fühlte ich mich. Innerlich. Äußerlich. Wie bereits erwähnt bin ich in meinem Leben schon oft umgezogen. Ich weiß, wie ein Umzug abläuft und wie es sich anfühlt. Doch dieses Mal war es anders.

Es fühlte sich im Vergleich zu meinen bisherigen Umzügen so gleich und doch so anders an. Ich dachte nach und erkannte den Grund, warum es sich dieses Mal so anders anfühlte, recht schnell:

Es war das erste Mal in meinem Leben, dass ich für mich selbst entschieden hatte umzuziehen.

Früher waren die Umzüge Entscheidungen meiner Eltern. Die letzten Male war ich von zu Hause zu meinem ersten Freund nach Hause gezogen. Mit ihm in unsere erste Wohnung. Trennung. Umzug in meine erste alleinige Wohnung. Nächste Beziehung. Zwei gemeinsame Umzüge. Trennung. Umzug in meine zweite alleinige Wohnung. Und nun? Stand ich vor meinem ersten Umzug aus „freien Stücken". Nicht, dass ich gezwungen wurde mit meinen Ex Freunden zusammen zu ziehen. Aber es fühlt sich ganz anders an, wenn man für sich selbst entscheidet aus- und umzuziehen.

Ich hatte viele tolle Helfer bei meinem Umzug an meiner Seite. Es hatte sich alles gefügt und es lief genauso wie ich es mir vorgestellt hatte. Es klappte alles reibungslos und innerhalb von 12 Stunden war kein Einziger Karton mehr übrig. Nun fehlte mir nur noch ein Backofen und ein Herd. Auch solche Dinge gehören zu einem Umzug dazu. Zu einer Reise. Mein Umzug war eine Reise und ich freute mich auf die nächsten (Höhen)-Flüge. Auch das fühlte sich diesmal anders an. Natürlich wird es Tage geben, an denen ich mich nicht gut fühlen werde oder etwas nicht so läuft wie ich es mir vorgestellt hatte, das gehört zu meiner großen Reise, zu meinen Leben, dazu. Doch ich werde nie wieder in ein Loch fallen. Ich werde nie wieder fremdbestimmt leben, was meine Beziehungen angeht. Meine Umzüge. Meine Entscheidungen. Ich entscheide für mich. Kein anderer.

Lebensqualität ist… sich dort frei zu fühlen wo man ist.
Nina Schöben

Dieser Satz war mir in den letzten Tagen in den Sinn gekommen. Dieser Satz war bei mir angekommen. Ich habe ihn verinnerlicht. Es war ein wunderschönes Gefühl. Diese Erkenntnis fing tatsächlich damit an, dass ich letzte Woche nach Feierabend in die falsche Bahn gestiegen war. Ich kam am Bahnsteig an und schaute gar nicht auf die Anzeige, sondern stieg einfach ein. Meine Intuition sagte mir bereits beim Einsteigen, dass dies nicht die richtige Bahn sei. Doch ich wollte es so, setzte mich hin und las ein Buch. Ich fuhr einige Minuten und schaute irgendwann aus dem Fenster und stellte fest, dass ich wirklich in der falschen Bahn saß. Ich entschied mich dazu an der nächsten Station auszusteigen. Ich schaute mich um und freute mich sehr über diese glückliche Fügung. Ich wollte nämlich schon seit Tagen abends an die frische Luft und somit nutzte ich diesen Moment dafür. Ich schaute kurz ins Navi, wusste wo ich mich befand und machte mich zu Fuß auf den Weg nach Hause. Ich genoss die frische Luft, die neue Umgebung und den herrlichen Sonnenuntergang, der mir unter anderen Umständen verwehrt geblieben wäre. Auf halber Strecke klingelte mein Handy. Eine Bekannte, die ich seit über einem halben Jahr nicht mehr gehört hatte, rief mich an. Ihr Anruf verdutzte mich. Ich fragte mich ob sie sich verwählt hatte (hello negative Gedanken). Doch meine Neugier gewann und so ging ich ran. Gemeinsam mit ihr am Ohr bog ich ein paar Meter weiter ab, um meinen restlichen Fußweg am Rhein entlang zu gehen. Ich setzte mich einen Moment hin und genoss den fortgeschrittenen Sonnenuntergang, den Ausblick und das Telefonat. Das Telefonat ging in eine ganz andere Richtung, als wir beide es beabsichtigt hatten. Wir sprachen über Hochsensibilität und Scanner-Persönlichkeiten. Wunderbar erfrischend. Als es dunkel wurde, machte ich mich auf den Weg nach Hause. Ich schlenderte durch die gut gefüllten Straßen, atmete die frische Luft ein und war berauscht von dieser Freiheit, die ich spürte. Mir schoss mein Satz in den Kopf: „Lebensqualität ist, sich dort frei zu fühlen, wo man gerade ist."

Und das war der Fall bei mir. Ich ging, immer noch telefonierend, durch diese pulsierende Stadt, voller einzigartiger Menschen und fühlte mich so frei und so wohl. Ich lächelte die ganze Zeit und telefonierte über eine Stunde mit meiner Bekannten. Wir beide freuten uns sehr über dieses unerwartete Telefonat und verabredeten uns für ein paar Tage später zum erneuten Telefonat. Ich war so glücklich und zufrieden, dass ich einkaufen ging, einen Kuchen backte, danach aufräumte, sehr zufrieden auf die Couch glitt und seit Wochen endlich noch mal das Gefühl von Müdigkeit spürte. Ich legte mich mit einer Hypnose-Meditation ins Bett und schlief ein.

Glücklich, zufrieden und frei.

Fühlst du dich an deinem derzeitigen Wohnort wohl? Fühlst du dich frei und selbstständig?

Kapitel 6

Verspätungen, Stornierungen & Totalausfälle

September 2018

Ja, auch diese im ersten Moment unschönen Begleiter können Begleiter deiner Reise sein. Ob im Urlaub oder innerhalb deiner persönlichen Weiterentwicklung. Bei mir war das in den letzten zwei Wochen der Fall. Ich hatte mein Morgenritual nicht eingehalten, war somit wieder viel zu spät im Büro, war nicht im Fitnessstudio und hatte dann an einem freien Tag den kurzen Moment eines Totalausfalls.

Jedoch muss ich sagen, dass ich trotz allem stolz auf mich bin und diese Begleiter einfach zugelassen hatte. Solche Tage lehren uns unheimlich viel über uns selbst. Wie gehen wir mit gewissen Situationen und Stress um? Sie helfen uns unseren Blick in eine positive Richtung zu lenken. Ich war zwar nicht im Fitnessstudio gewesen, dafür bin ich jedoch über 5 Kilometer mit einer Freundin an der frischen Luft gejoggt. Einen Tag später hab ich eine noch längere Distanz mit dem Fahrrad zurück gelegt. Es war erfüllend und hat meinem Körper und meiner Seele gut getan. Es muss eben nicht immer das Fitnessstudio sein, damit man sich gut fühlt.

Zudem gab es eine Situation, in der ich mich wieder voll auf mich verlassen konnte. Ich war nach der Arbeit zu einem großen Möbelhaus meines Vertrauens gefahren, schaffte es ohne Kerzen und Hot-Dog nach draußen und fuhr noch weiter zum einkaufen. Nach dem einkaufen wollte ich los fahren, doch mein Auto nicht. Es sprang nicht an. Das kam in den letzten drei Jahren ein bis zweimal im Jahr vor und deshalb war ich völlig entspannt und wusste was zu tun war. Ich fragte einen stark aussehenden, aber wohl nicht so hellen Kopf, der aus dem Fenster des Fitnessstudios gegenüber meines Parkplatzes schaute, nach Hilfe. Seine Antwort auf meine Frage, ob er mich anschieben könnte, da mein Auto nicht anspringen würde: „Ja, Moment, ich frag mal nach!" Fazit: Eine Viertelstunde passierte nichts. Ich blieb weiterhin völlig entspannt und amüsierte mich mit meiner Freundin, die ich die ganze Zeit am Telefon hatte, über die „Männer" aus dem Fitnessstudio. Nach weiteren fünf Minuten hielt ein Transporter mit drei wirklichen Männern neben mir. Ich sprach sie an, ob sie mir helfen könnten. Mein Auto würde nicht anspringen und ich wüsste, dass es nur einen kräftigen Schubser benötigte, dass ich wieder fahren könnte. Sie überlegten gar nicht und antworteten mir mit einem tatkräftigen Hamburger Akzent, dass ich bitte einsteigen sollte, den ersten Gang einlegen und die Kupplung langsam kommen lassen sollte und noch nicht mal eine Minuten später fuhr ich nach Hause. Dankbar und voller Freude über so viel Hilfe.

Ich telefonierte während der gesamten Zeit mit meiner Freundin, die mehrmals wiederholte, dass sie mich total bewundern würde. Sie wäre schon nach dem nicht anspringen des Autos in Tränen ausgebrochen und verzweifelt gewesen. Später folgte eine Nachricht von ihr: „Ich bin stolz auf dich!" Darüber freute ich mich sehr.

Ich schreibe diese Zeilen nicht um anzugeben oder Lob einzuheimsen, sondern weil ich zeigen möchte, dass wir viele Momente, die wir meistern, als selbstverständlich ansehen. Für mich war es das Normalste der Welt, den Typ im Fitnessstudio anzusprechen. Für meine Freundin war es Souveränität pur. Ich habe intuitiv gehandelt und damit lag ich noch nie falsch. Es tut natürlich gut solche Worte über sich selbst zu hören. Es stärkt. Es motiviert. Und es sollte auf Gegenseitigkeit beruhen. So handelt sie in anderen Situationen souverän oder gutherzig, wo ich ganz anderes handeln würde, sie dafür bewundere und es ihr ebenfalls mitteile.

Heil zu Hause angekommen, allerdings in weiser Voraussicht ahnend, dass mein Auto am nächsten Morgen nicht anspringen würde, war es soweit: Ich fuhr das erste Mal in meinem Leben mit der Bahn zur Arbeit. Allerdings wäre ich nicht Ich, wenn auf diese Aussage nicht auch eine Story folgen würde.

Ich stand morgens pünktlich auf. Die Zeit immer im Blick. Ich wollte mit dem Fahrrad zu einer Bahnstation fahren und von dort aus zur Arbeit. Dies ersparte mir das Umsteigen. Ich ging ins Wohnzimmer und zog die Rollos hoch: Es regnete wie aus Eimern. Mein Fahrrad-Plan wurde innerhalb von Bruchteilen von Sekunden zu Nichte gemacht. Somit jedoch leider auch mein Zeitplan. Ich beeilte mich.

Zog mich um, schnappte mir meinen Schirm und ging los. Nach gefühlten zwei Minuten waren meine Schuhe durchnässt. Ich ging in Richtung Bahnhof und begrüßte diesen (und ein paar Dutzend Menschen um mich herum) mit einem kräftigen Ausfallschritt nach vorne. Auf meinem Weg lag nämlich ein Stück Melonenschale (!). Durch den Regen und die nassen Steine auf meinem Weg legte ich so eine ungewollte Sporteinheit ein. Ich raffte mich schnell wieder auf.
Ignorierte das Loch in meiner Hose und das schmerzende Knie und ging zur Bahn. Die Bahnfahrt an sich klappte ohne Probleme. Nach dem Umsteigen musste ich einen kurzen Weg zu Fuß zum nächsten Bahnhof gehen, den ich noch nie gegangen war. Mein Navi auf dem Handy dachte sich jedoch, dass ich eine Sackgasse bevorzugen würde. Somit drehte ich mich schnurstracks um und folgte anstatt des Navis lieber meiner Intuition. Ich ging richtig, kam am Bahnhof an, begrüßte einen Kollegen von mir (wir hatten uns zur Bahnfahrt verabredet) und atmete tief durch. Dies war vorteilhaft, da wir uns nämlich zwei Minuten später zu Fuß auf den Weg zum Auto meines Kollegen machten, da die Bahn auf Grund eines Einsatzes auf der Strecke bis auf weiteres ausfallen sollte. Somit fuhr ich also doch mit dem Auto zur Arbeit.

Im Büro angekommen kümmerte ich mich zu allererst um mein Knie und meine nassen Schuhe. Ich erzählte meinen Kollegen von meinem gestrigen Tag, meinem Auto und der Melonenschale auf meinem Weg. Ich hatte ihren Segen mich erst einmal um mein Auto zu kümmern. Anrufe in Werkstätten, bei der Versicherung und den gelben Engeln. Es lief alles super und ich hatte ganz liebe und hilfsbereite Menschen am Telefon. Zumindest beim zweiten Telefonat mit den gelben Engeln. Der erste Engel verspeiste nämlich während des Telefonats sein Frühstück, sagte mir, dass er da auch nichts machen könnte und gab mir, nachdem ich zweimal fragte, eine Mail Adresse für mein Anliegen und meine Adressänderung. Das wollte ich jedoch so nicht im Raum stehen lassen. Ich legte auf und wählte noch einmal die Nummer der Hotline. Es folgte glücklicherweise ein wirklicher Engel. Ich war, wie beim ersten Telefonat auch, von vorne herein ehrlich und sagte, dass ich nicht wüsste, ob der Beitrag meiner Partnerkarte (die ich über meinen Ex-Freund erhielt) bezahlt wurde. Dem war glücklicherweise so. Die Dame fragte wie lange wir getrennt seien und ich sagte ihr, etwas über ein Jahr. „Ach wissen Sie Frau Schöben, sagen Sie einfach bei der Terminvereinbarung, dass sie seit kurzem getrennt sind. Es wird sie keiner von uns auf der Straße stehen lassen, nur weil sie sich getrennt haben. Zeigen Sie dem Techniker Ihre Karte und ich buche Ihnen alles auf eine eigene Karte um." Das war mal eine Aussage. Ich war glücklich und stolz nach dem ersten Telefonat nicht aufgegeben zu haben und bedankte mich herzlich bei ihr.

Ich vereinbarte für Mittags einen Termin mit einem Techniker. In diesem Moment war ich sehr dankbar für meine Kollegen und meinen Chef. Ich konnte meine Arbeit liegen lassen, mich erst einmal um alles kümmern und früher frei machen um meinem Termin einhalten zu können. Ich fuhr also mit der Bahn nach Hause. Ich stieg zweimal um und kam gut und vor allem ohne Obst-Zwischenfälle zu Hause an. Der Techniker war ebenfalls pünktlich, gab mir Starthilfe und ich brachte mein Auto in eine Werkstatt fünf Minuten entfernt und freute mich über die freundlichen und engagierten Mitarbeiter.

Ich hatte noch vor der Starthilfe mein Fahrrad in den Kofferraum eingeladen. Dies war ein Akt von gut 15 Minuten. 5 Minuten brauchte ich zum Einladen des halben Rads, 10 weitere um zu bemerken, dass auch mein Fahrrad Pedalen hatte, die ich mir beim ziehen und drücken unerbittlich gegen den Kofferraum haute. Mit diesem fuhr mit zurück, nachdem ein Mitarbeiter der Werkstatt mir dieses innerhalb von weniger als einer Minute aus dem Kofferraum holte. Nachdem ich den Weg mit dem Rad unbeschadet überstanden hatte, bewegte ich mich an diesem Abend nur noch von der Couch ins Bett.

Am nächsten Morgen, nun war ich ja wieder gezwungen mit der Bahn zu fahren, da mein Auto in der Werkstatt stand, funktionierte alles gut. Es regnete nicht, ich las ein Buch während der Bahnfahrten und kam früh auf der Arbeit an. Meine Freundinnen schlossen Wetten in der Pause ab, wie lange ich es wohl durchhalten würde mit der Bahn zu fahren: Im Rennen waren 1 und 2 Monate. Ich hielt voller Überzeugung dagegen und sagte, dass ich es länger durchhielt und beantragte (zu meinem eigenen Erstaunen) in der Pause ein Jobticket. Die Wetten blieben jedoch bestehen.

Sie kennen mich einfach! Dachten wir alle. Denn keiner, noch nicht einmal ich selbst, rechnete damit, dass ich nur wenige Wochen später mein Auto verkaufen würde.

Am gleichen Tag erhielt ich bereits Vormittags einen Anruf der Werkstatt, dass mein Auto fertig sei. Ich fragte, ob ich es auch am nächsten Tag holen könnte, da ich dann frei hatte. Das war kein Problem. Ich hatte mir den nächsten Tag frei genommen, um mich morgens bei der Stadt umzumelden. Vormittags hatte ich einen Termin bei der KFZ Zulassungsstelle vereinbart, um mein Auto direkt mit umzumelden und mir ein neues Kennzeichen machen zu lassen. Den Termin bei der KFZ Zulassung hatte ich vorab online reserviert. Ich hatte alle Unterlagen rausgesucht und war voller Tatendrang.
Ich stand frühzeitig auf und fuhr mit dem Fahrrad zum zwei Minuten entfernten Stadthaus, stellte mein Fahrrad ab, mich auf einen kurzen Besuch ein und wurde überrascht. Ich kannte bis Dato nun mal nur das „Dorf-Rathaus", welches aus zwei bis drei wartenden Menschen, die innerhalb kurzer Zeit nacheinander dran kamen, bestand. Nun lernte ich das Stadthaus kennen, welches mich mit gut 25 wartenden Menschen, die darauf warteten überhaupt dran zu kommen, begrüßte. Nun gut. Es ging schneller als gedacht. Ich war guter Dinge. Es war noch ein Mann vor mir, der sich ebenfalls ummelden wollte. „Dann bräuchte ich den Wohnungsgeberschein bitte." Tönte es vom Schalter in die Richtung des Mannes. Doch auch ich fühlte mich angesprochen. Denn auch ich wollte mich ja ummelden, und genau diesen Schein hatte ich natürlich nicht dabei. Ich war an der Reihe. Natürlich wollte die Dame auch von mir den Wohnungsgeberschein haben. Ohne war nichts zu machen.
Ich drehte also um, fuhr mit dem Fahrrad nach Hause und die Suche begann. Es gab nur einen Ort, an dem ich wichtige Dokumente hatte. Doch leider war an diesem Ort kein Wohnungsgeberschein zu finden. Alle Vorkommnisse der letzten Tage meldeten sich in meinem Körper. Ich rief eine Freundin an, schilderte ihr das Dilemma und versuchte nicht in Tränen auszubrechen. Es gelang mir. Ich blieb ruhig. Ich war von mir selbst begeistert. Ich kenne mich noch zu gut in Situationen wie diesen. Ich weinte, wurde laut, machte jeden um mich herum für mein Verschulden verantwortlich und wurde unausstehlich. Mein al-

tes Ich eben. Doch auch hier gewann es nicht. Mein neues Ich siegte wieder einmal. Meine Freundin hatte meine Schränke beim Umzug eingeräumt und konnte mir somit helfen und mir raten, wo ich doch noch einmal nachschauen sollte. Den Stapel mit den wichtigen Dokumenten hatte ich nun jedoch schon vier Mal durchgeschaut. Das was mich an der ganzen Sache ärgerte war, dass ich mich nicht daran erinnern konnte, wo ich diesen Schein hin getan hatte. Denn ich weiß sonst immer, wo sich selbst die kleinste Haarklammer in meiner Wohnung befindet. Unter dem Stapel mit den wichtigen Dokumenten befand sich ein Stapel mit Unterlagen aus der Uni und Zeichnungen von mir. Ich konnte mir nicht vorstellen, dass es dort sein könnte. Und doch bewegte mich etwas dazu diesen Stapel durchzuschauen. Doch nicht von oben nach unten. Ich griff einfach mitten hinein und siehe da: Mein Wohnungsgeberschein.

In der Zwischenzeit hatte ich bei der KFZ Zulassung angerufen, da ich meinen vereinbarten Termin nicht mehr einhalten konnte. Ich fuhr also - mit Wohnungsgeberschein in der Tasche - erneut zum Stadthaus und der Tag nahm eine entspannte und schöne Wendung getreu dem Motto „Alles hat seinen Sinn".

Entspannt wurde der Tag dadurch, dass ich selbst entspannt war. Schön wurde er durch schöne Momente und Menschen auf meinem Weg. Im Stadthaus begegnete ich einem kleinen Mädchen. Ihre große Schwester kümmerte sich rührend um sie. Sie erklärte ihr alles ganz ruhig, spielte mit ihr und ging zwischendurch mit ihr raus. Das lies mein Herz tanzen. Wir lächelten uns an und ich sagte ihr, dass sie das mit der Kleinen ganz toll macht und freute mich über ihr Lächeln. Ich kam zügig dran und setzte mich zu einer sehr freundlichen Sachbearbeiterin, die mich in Köln Herzlich Willkommen hieß. Nach der Ummeldung bei der Stadt fuhr ich mit dem Fahrrad zur Werkstatt und lies ein Kompliment zur Schnelligkeit und vor allem Freundlichkeit da. Wer sich fragt, was mit meinem Auto war: So lange wie ich nicht mit der Bahn zur Arbeit fuhr, hatte mein Auto keine neue Batterie gesehen. 9 Jahre.

Weiter ging es. Ich fuhr mit meinem Auto mit einer frischen Batterie und ohne Zündprobleme meine neuen Kennzeichen abholen und weiter zur KFZ Zulassungsstelle. Mein Termin war bereits seit einer Dreiviertelstunde verstrichen. Somit bekam ich eine neue Nummer zugeteilt und wartete. Laut Nummernfolge waren 96 Leute vor mir dran. Zwischendurch erschienen jedoch zusätzlich noch ein paar andere Nummern. Die Nummern von Menschen, die einen Termin hatten.

Ärgerte ich mich? Nein. Was würde es mir bringen? Es ist wie bei einer Reise am Flughafen, bei der der Flug Verspätung hat oder es sogar einen (Total)-Ausfall gibt. Natürlich ist es ärgerlich, aber es bringt nichts sich aufzuregen. Man verdirbt sich selbst die Laune und die Zeit verkürzt sich dadurch auch nicht. Und wer weiß wofür es gut ist. Hätte ich meinen Wohnungsgeberschein direkt bei mir gehabt, hätte ich das kleine Mädchen mit ihrer liebevollen Schwester nicht getroffen und vielleicht auch eine andere und nicht so freundliche Sachbearbeiterin gehabt. Genauso war es auf meinen Reisen der vergangenen Wochen gelaufen: Wäre mein Hinflug nach Barcelona nicht eine Stunde später rausgegangen, hätte ich vielleicht einen nicht so netten Busfahrer gehabt oder wäre vielleicht sogar mit dem Bus liegen geblieben. Wer weiß. Wäre meine Freundin in unserem Urlaub nicht früher abgereist, wäre dieses Buch wohl nie entstanden und meine innere Einstellung gegenüber solchen Ereignissen hätte sich nie so gefestigt und wundervoll angefühlt. Es ist eine Einstellungssache. Alles ist eine Einstellungssache. Und ich habe in den letzten Tagen viel über mich und meine innere Einstellung gelernt: Sie ist positiv und sie ist stärker als ich es selbst für möglich gehalten habe.

Mein Fazit aus diesem Kapitel und meinen Erfahrungen: Nehmt Verspätungen auf euren Reisen (auf Urlaubsreisen und auch auf eurer persönlichen Reise) nicht persönlich. Versucht euch nicht aufzuregen, ihr könnt sowieso nichts ändern und mit einer negativen Einstellung macht ihr euch das Leben schwer und die Zeit des Wartens kommt euch noch länger vor. Denkt daran, dass alles seinen Sinn hat. Verspätungen können als geschenkte Zeit angesehen und genutzt werden. Lest ein Buch, schaut aus dem Fenster und genießt einfach den Moment. Atmet tief durch. Genießt eure Reise. Und vor allem, orientiert euch nicht an anderen. Jeder Mensch braucht seine Zeit, hat seine eigenen Ziele und befindet sich auf seiner eigenen Reise.

Kapitel 7

Ballast

Was jemand als (unnötigen) Ballast empfindet, entscheidet natürlich jeder für sich selbst. Ich persönlich habe in den letzten Monaten festgestellt, dass ich immer weniger brauche, was mich wirklich glücklich macht. Vor allem bezogen auf materielle Dinge in meinem Leben. Auf meiner Reise nach Mallorca zum Beispiel durfte ich einen großen Koffer (23kg) + Handgepäck (8kg) + zusätzlich einen Rucksack oder eine Handtasche mitnehmen. Es stand eine Reise von elf Tagen an einem sehr warmen Ort an. Ergo benötigt man in der Regel keine dicken Kleidungsstücke oder muss davon ausgehen für jegliches Wetter packen zu müssen. Jedoch konnte ich mich nicht entscheiden, welche Kleidungsstücke ich für das warme Wetter ich einpacken wollte und so entschied ich mich für meinen halben Kleiderschrank. Das Resultat war, dass ich kurz vor der Abreise, genauer gesagt am Auto auf dem Parkplatz am Flughafen, meinen Handgepäckkoffer, für den ich mich nebst 23kg-Koffer und meinem zusätzlichen Rucksack entschieden hatte, aus- und umpackte. Ich packte einige Gegenstände (die zweite Tube Sonnencreme und die zweite und dritte Portion Body Lotion) und ein paar Kleidungsstücke in meinen Kofferraum und „beschränkte" mich auf meinen 23kg-Koffer und meinen Rucksack mit den wichtigsten Utensilien, die man auf einer Sommer-Urlaubs-Reise so brauchte. Am Check-In Counter angekommen, musste ich schlucken als ich den Koffer auf das Band hob. Aus meinem 23kg-Koffer wurde ein 24kg-Koffer. Uih. Das hatte ich nicht vermutet, obwohl ich Probleme hatte den Koffer vernünftig neben mir her zu schieben, geschweige denn ihn Treppen hinauf zu befördern oder aufs Band zu heben. Nun gut. Ich hatte Glück und musste nichts extra zahlen. Nach dem Urlaub packte ich meinen Koffer und Handgepäck-Rucksack wie auch auf der Hinreise und musste feststellen, dass ich erstens die Hälfte der gepackten Kleidungsstücke nicht getragen hatte und mir zweitens der Koffer auf der Rückreise tierisch auf die Nerven ging. Am Flughafen angekommen musste ich, trotz zurückgelassenen Sonnencreme- und Duschgel-Flaschen feststellen, dass sich an den 24kg Kofferinhalt nichts geändert hatte. Auch hier hatte ich Glück, musste nichts zusätzlich bezahlen und freute mich sehr, als ich den Koffer nach der Landung in meinem Auto, von meinem Auto in meiner Wohnung hatte und ihn von dort aus leer in den Keller bringen konnte. Denn „Halleluja" meine Barcelona Reise war ja eine Handgepäck-Reise und ich freute mich noch nie mehr auf weniger Gepäck und weniger Ballast. Ich würde lügen, wenn ich sage es wäre mir einfach gefallen für Barcelona oder auch für andere Handgepäck-Reisen zu packen. Denn ja, man muss sich beschränken und eben genau überlegen, was man braucht, vielleicht auch kombinieren kann und vor allem was man nicht braucht. Was ich jedoch auch sagen kann ist, dass es Spaß macht und man von Mal zu Mal besser wird. Vor allem wenn man die ersten Male völlig unbrauchbare Kleidungsstücke und Kombinationen eingepackt hatte.

Und auch der Umzug in meine neue Wohnung stellte sich als sehr entlastend dar.

Wie du bereits weißt hatte ich meine Wohnung noch vor meinen beiden Reisen gekündigt ohne eine neue Wohnung in Aussicht zu haben. Es fühlte sich einfach richtig an und ich spürte, dass ich mir keine Sorgen machen musste. Meine alte, bereits gekündigte Wohnung, bestand aus zwei Zimmern und insgesamt 70 Quadratmetern für mich alleine. Das fühlte sich für mich ab einem gewissen Zeitpunkt einfach nicht mehr richtig beziehungsweise wichtig an. Ich hatte plötzlich das Gefühl, von einem in den anderen Raum gefühlte zehn Minuten zu brauchen. Die Zeit, die ich in meiner alten Wohnung hatte, möchte ich nicht mehr missen und ich habe sie sehr genossen. Es war mir nach dem Auszug von meiner letzten Beziehung ein Anliegen eine schöne, große Wohnung zu haben. Die hatte ich und nun hatten sich meine Prioritäten in eine andere Richtung entwickelt. Ich hatte nach Kündigung der Wohnung natürlich ein paar Besichtigungen. Bei einer der Wohnungen handelte es sich tatsächlich um eine 1 Zimmer Wohnung. Vor ein paar Jahren beziehungsweise Monaten unvorstellbar für mich. Wohin mit all meinen Sachen? Wie lebt man denn mit nur einem Zimmer? Wie stellt man sich vor?

„Hallo, ich bin Nina ich wohne in einer 1 Zimmer Wohnung!" Nein, das ginge doch nicht. Doch auch hier haben sich meine Prioritäten und meine innere Einstellung geändert und entwickelt, denn es handelt sich nun mal nur um materielle Dinge.

Natürlich hat jeder das ein oder andere Stück, von dem man sich nicht trennen möchte. Muss man auch gar nicht. Wenn es einem wirklich wichtig ist, findet man einen Weg. Bei mir handelte es sich um zwei für mich sehr wichtige Möbelstücke. Zwei wunderschöne Antik Schränke. Als ich sie kaufte, sagte ich bereits, dass ich diese Schränke einmal meinen Kindern vermachen werde. Sie gehören zu mir. Auch hier hatte ich bei meinem letzten Umzug darauf geachtet, dass diese Schränke, die nicht gerade klein sind, in meine neue Wohnung passten. Doch nun gab es wichtigeres für mich. Entweder sie passten wieder in meine neue Wohnung oder sie würden irgendwo untergestellt werden. Glücklicherweise konnte ich schnell einen Unterschlupf auf Zeit ausfindig machen nachdem klar war, dass ich tatsächlich in eine 35qm kleinere und somit 35qm große 1,5 Zimmer Wohnung in die Stadt ziehen würde. Und somit durften die Schränke bei meiner Mama in den Keller ziehen. Aus meiner alten Wohnung nahm ich lediglich einen Teil meiner Couch, zwei Sideboards, einen Sessel und einen kleinen Beistelltisch mit. Den Rest aus meiner alten Wohnung verkaufte ich. Denn auch ein 1,80 x 2,00m Bett brauchte ich für mich alleine nicht. Einen Esstisch an den - im ausgezogenen Zustand - (eine Funktion, die ich übrigens nicht einmal genutzt hatte) zehn Personen passten, brauchte ich ebenfalls nicht. Zumindest im Moment nicht. Ich mistete meinen Kleiderschrank, meine Deko-Vorräte, meine Küche und meine Aktenschränke rigoros aus und fühlte mich von Schrank zu Schrank, von Tag zu Tag leichter und befreiter. Und siehe da: Ich wohne in meiner neuen, um die Hälfte kleineren Wohnung und mir fehlt es an nichts.

Welchen Ballast konntest du in deinem Leben schon verringern? Welchen Ballast möchtest du loswerden?

Kapitel 8

Meine Reise zu mir selbst

Meine Leben, meine Reise ist meine Inspiration und Motivation für dieses Buch und hinter diesem Buch. Ich möchte mit meinem Leben, meiner eigenen Reise Menschen erreichen. Ich möchte Menschen - ich möchte dich - motivieren und inspirieren. Du bist gut so wie du bist. Du bist genau richtig, dort wo du gerade bist. Alles hat seinen Sinn. Mein Lebensmotto ist zu meiner Lebensaufgabe geworden.

Angefangen hat meine Reise zu mir selbst bereits vor einigen Jahren. Ich spürte, dass in mir mehr schlummert als meine Vergangenheit. Mein erster Gedanke dahinter war:
„Du musst abschließen mit deiner Vergangenheit. Du musst die Vergangenheit vergessen!" Heute weiß ich, das muss und das möchte ich nicht. Meine Vergangenheit ist ein Teil von mir. Ich möchte sie nicht vergessen. Sie hat mich zu dem Menschen gemacht, der ich heute bin. Und ich musste sie auch nicht vergessen. Ich musste sie loslassen. Ich musste meine Vergangenheit annehmen um im Hier und Jetzt sein zu können. Wenn du das verstanden hast, nicht nur mit dem Kopf sondern mit dem Herzen, dann lebst du im Hier und Jetzt. In der Gegenwart. Im Moment. Dann kannst du dich auf deine Zukunft freuen. Ohne Angst. Ohne dich selbst für deine Vergangenheit zu schämen oder Angst vor etwas zu haben.

Love yourself and the rest will follow.

Selbstliebe

Mit Selbstliebe begann bei mir und in mir alles. Dabei konnte ich mit diesem Wort und solch altklugen Sprüchen früher überhaupt nichts anfangen. Viele Menschen, so auch ich bis vor einigen Jahren, verwechseln Selbstliebe leider immer noch mit dem Wort Selbstverliebt oder gar damit egoistisch zu sein. Genau wie Selbstbewusst zu sein. Wenn ich ein starkes Selbstbewusstsein habe, bedeutet es nicht, dass ich laut sein muss, um gehört oder gesehen zu werden. Ich muss nicht der oder die stärkste sein. Wenn ich ein ausgeprägtes Selbstbewusstsein habe, dann bin ich mir meiner selbst bewusst, ohne es anderen und vor allem mir selbst immer wieder beweisen zu müssen. Ich weiß, wer ich bin, wo meine Stärken und vor allem auch meine Schwächen liegen. Ich schäme mich nicht für diese Schwächen, sondern erkenne sie, wie meine Vergangenheit an. Ich lerne mit ihnen, von ihnen und wachse an ihnen. Im besten Fall kann ich durch sie andere Menschen berühren und auch ihnen helfen bei sich selbst anzukommen.

Meine Reise, mein Leben, hat sich in den letzten Jahren stark geändert. Ich habe mich stark verändert beziehungsweise bin wieder zu mir zurück gekommen. Zu meinem Innern. Meinem Sein.
Zu meinem „Ich". Ich bin fröhlich, lustig, liebevoll, stark, impulsiv und temperamentvoll, ehrlich, offen, tollpatschig. Ich bin kreativ, organisiert und hilfsbereit. Ich stehe in engem Kontakt zu meinem inneren Kind. Ich bin hochsensibel. Und ich bin stolz auf jede meiner Eigenschaften. Ich bin stolz auf mich und meinen Weg. Stolz auf meine Reise.

Seit meinem ersten ungeplanten Urlaub alleine auf Mallorca habe ich mich mehr als in den letzten Monaten zusammen geliebt und geschätzt. Ohne diese innere Haltung und Einstellung, Akzeptanz und Liebe mir selbst gegenüber und vor allem das Vertrauen in mich selbst, hätte ich all die wunderbaren Momente der letzten Monate und Wochen nicht erlebt und genossen. Zumindest hätte ich sie nicht so erlebt wie ich sie erleben durfte, sondern hätte wahrscheinlich von morgens bis abends mit meinem alten Ich auf dem Zimmer oder höchstens auf dem Balkon gehangen und wäre in Selbstmitleid versunken.

Ohne die Liebe zu mir selbst war ich mit mir und dem Leben nicht im Einklang. Ich hatte vor mich hin gelebt ohne wirklich zu Leben. Ich war nicht bewusst im Moment gewesen. Ich hatte mir auch keine Zeit für mich selbst genommen. Denn für mich waren Menschen, die Dinge alleine (= einsam) machten, merkwürdig. Was stimmte denn nicht mit denen? Hatten die keine Freunde oder Familie?
Auch diese Einstellung änderte sich im Laufe der Jahre und äußerte sich im September 2018 mit folgenden Worten

Alleine

Etwas alleine unternehmen. Bis vor zwei Jahren für mich unvorstellbar. Das höchste der Gefühle war es alleine ins Fitnessstudio oder in die Stadt zu gehen. Doch es hat sich etwas in mir verändert.
ICH BIN NIE ALLEINE. Ich habe mich. ICH WAR NIE ALLEINE. Ich hatte und habe wundervolle Menschen in meinem Leben.
ICH WERDE NIE ALLEINE SEIN!

Seit dieser Erkenntnis war ich alleine essen, alleine im Urlaub, alleine spazieren. Habe ich mich alleine gefühlt? Nein. Ich habe mich noch nie so frei und geborgen zugleich gefühlt!
Es ist traurig, dass die Definition von allein sein = einsam lautet. Das stimmt nämlich nicht. Es ist einfach neu für viele. Anders.
Und meine Definition von anders ist = wundervoll, einzigartig, kostbar!
Geht alleine raus, spazieren, essen, fahrt in Urlaub. Lasst euch nicht von den Blicken anderer verunsichern. Es ist keine Abwertung oder Bewertung, in den meisten Fällen ist es reine Neugier.

Seit selbst neugierig und genießt euch selbst.

Vor ein paar Tagen war ich alleine im strömenden regen spazieren (auch für mich eine Premiere). Ich traf einen alten Freund mit seinem Hund, der mich verdutzt anschaute und mich fragte, was ich machen würde. „Ich gehe spazieren." „Alleine?" Fragte er. Zusätzlich schaute er in alle Richtungen, ob er nicht doch jemanden erblickte, der vielleicht mit mir unterwegs sei. „Ja, alleine. Ob ich alleine Joggen oder spazieren gehe macht ja keinen Unterschied." Sagte ich entschlossen und schaute ihm dabei in die Augen. Er guckte mich erstaunt an und sagte nur: „Naja, für mich wäre das ja nichts!". Ich Lächelte ihn an und sagte: „War es für mich auch nicht, bis ich mich mal mit mir selbst beschäftigt habe." Er schaute noch verdutzter. Ich schenkte ihm ein weiteres Lächeln, wünschte ihm (und seinem Hund) einen schönen Tag und wusste, dass er es nie verstehen würde.

Ich lächelte weiter vor mich hin, die mir entgegen kommenden Paare an, bekam ganz viel lachen zurück, machte unterwegs wundervolle Fotos und war wieder ein Stück gewachsen und habe wieder ein Stück weit zu mir selbst gefunden. Ein wunderschönes Gefühl.

Me-Time, Selbstliebe, Persönliche Weiterentwicklung, Yoga, Mediation, Coaching und Spiritualität. Alles Fremdwörter für mich.
Bis zum Jahr 2013.
In diesem Jahr änderte sich alles. In diesem Jahr begann ich mich selbst zu reflektieren, mich zu entwickeln und zu wachsen. In diesem Jahr traten zwei wundervolle und wertvolle Menschen in mein Leben, die mich zum ersten Mal dazu brachten, über mich selbst, mein Leben, meine Worte, Gefühle, Gedanken, Taten und Beziehungen nachzudenken. Es fing an mit einem einfachen Beurteilungsgespräch, nahm einen Tränenreichen Lauf, bis hin zu dem Gefühl etwas Besonderes zu sein, Coaching Sessions und ersten Berührungen mit Spiritualität und Selbstliebe. Wir befinden uns immer noch inmitten einer wundervoll ehrlichen und offenen Freundschaft. Im Laufe der Zeit kamen immer mehr dieser wertvollen Menschen in mein Leben. Einige blieben nur für eine gewisse Zeit bei mir. Viele sind noch heute an meiner Seite. Ich kam oftmals mit meinem heutigen Lebensmotto: „Alles hat seinen Sinn" in Berührung und verinnerlichte diesen Satz.

Ich lebte plötzlich positiv. Ich veränderte meine Grundhaltung gegenüber mir selbst, dem Leben und meinen Beziehungen. Ich wurde mir selbst ein wertvoller Mensch in meinem Leben. Ich spürte mich selbst. Ich spürte das Leben. Ich lernte, dass Erfahrungen da sind, um uns wachsen zu lassen. Und zwar jede Erfahrung. Egal wie negativ sie ist, egal wie weh sie tut, egal wie schwer sie einem fällt. Sie hat ihre Berechtigung. Sie hat ihren Sinn. Wenn man sich für diesen Sinn und das Leben öffnet, erkennt man diesen Sinn.

Zudem wurde mir bewusst, dass jeder Mensch auf dieser Welt auf der Reise ist. Auf seiner eigenen Reise. Jeder Mensch bekommt in seinem Leben andere Aufgaben gestellt, hat andere Ziele und andere Träume. Nicht jeder Mensch begibt sich auf eine innere Reise. Und auch das musste ich lernen. Nicht jeder Mensch möchte reisen. Ob nun in andere Städte oder Länder, oder zu sich selbst. Jeder Mensch hat seine Berechtigung. Jeder Mensch ist ein Individuum. Wir sollten niemanden verurteilen. Alles hat einen Grund und eine Geschichte. Leben und leben lassen. Es ist gar nicht so schwierig. Vor allem nicht, wenn man sich auf sich selbst konzentriert, zufrieden ist mit dem was man hat und das Leben, unsere Welt, unsere Natur, unsere Möglichkeiten und alles was dazu gehört als Geschenk ansieht.

Beziehungen & Abhängigkeit

Dezember 2013

In den letzten Jahren haben sich innerhalb meiner Reisen auch meine Beziehungen verändert. Früher habe ich mich abhängig gemacht. Abhängig von anderen Menschen. Von Freundschaften und Partnerschaften. Ich hatte Verlustängste. Ich habe mich selbst klein gemacht und von anderen klein machen lassen. Ich habe mich selbst und meine Gedanken und Gefühle klein gehalten und klein halten lassen. Ich habe nicht nach meinen Wünschen und Bedürfnissen gelebt. Ich habe nach den Vorstellungen anderer Leute gelebt.

Danach gelebt „wie jemand sein sollte". Warum? Weil ich es damals noch nicht besser wusste. Ich habe gespürt, dass es einige Dinge in meinem Leben gab, die sich nicht richtig anfühlten. Ich konnte es spüren. Ich konnte spüren, dass es mehr geben muss. Jedoch konnte ich diese Gefühle nicht in Worte fassen. Ich konnte mich nicht äußern und nicht für mich selbst einstehen. Meine heutigen Gedanken über diese Zeit? Alles zu seiner Zeit.

Eine sehr enge Vertraute begegnete mir eines Tages mit dem Satz: „Eine gute Beziehung besteht daraus, dass man den anderen nicht braucht." Damals war ich sprachlos, als ich diesen Satz hörte. Ich fragte mich, wie man so denken konnte und fiel aus allen Wolken. Wo war da die Liebe? Die Zusammengehörigkeit?
Doch einige Jahre und zwei lange Beziehungen später begriff ich diesen Satz und kann mich seit dem voll und ganz mit ihm identifizieren. Ich habe für mich folgendes hinzugefügt: „Eine Beziehung ist wie die Kirsche auf der Sahne oder das Tüpfelchen auf dem i". Bedeutet: Wenn du mit deinem Leben und dir selbst zufrieden und im Reinen bist, brauchst du niemand anderen um dich glücklich zu machen. Jeder Mensch, jede Freundschaft, jede Partnerschaft ist dann die Kirsche auf der Sahne, das Tüpfelchen auf dem i.

Ich musste zweimal auf die harte Tour lernen, dass Abhängigkeit uns klein werden lässt. Sie verweigert uns jeglichen Zugang zu uns selbst und zu unseren Möglichkeiten. Die Abhängigkeit von einem Menschen hätte mich fast das Leben gekostet. Auch diese Erfahrungen habe ich im Laufe der Jahre angenommen. Auch sie gehört zu mir und macht mich zu der, die ich bin. Sie hat mich stark gemacht und wachsen lassen.

Diese Erfahrung hat mich zur Vergebung und Dankbarkeit geführt.

Vergebung

Im Laufe der Jahre habe ich mir oftmals selbst vergeben. Ich habe Menschen aus meinem Leben vergeben. Vergebung bedeutet nicht, dass man das, was der andere getan oder gesagt hat, für gut befindet. Es bedeutet lediglich, dass man seinen inneren Frieden mit diesem Menschen und / oder einer Situation schließt.

> In gewisser Weise bedeutet Vergebung bisweilen einfach, dass wir beschließen, den Hass in unserem Inneren nicht länger mitzuschleppen, weil wir begriffen haben, dass er uns vergiftet.
>
> Jack Kerouac

Ich habe viele Jahre in und mit diesem Hass gelebt. Ich habe den Hass mit mir herumgeschleppt. Ich hatte Hass auf andere Menschen und Situationen aus meinem Leben. Ich habe diesen Hass auf mich und andere projiziert. Ich habe in meiner Vergangenheit gelebt und die Menschen verurteilt und schlecht gemacht, die mir all das angetan haben. Doch nach vielen Jahren kam der Augenblick, in dem ich begonnen habe zu vergeben..

Mai 2018

Es ist ein Tag wie jeder andere auch. Es ist Samstag. Ich hatte heute keine Vorlesung. Ich war arbeiten und habe danach eine Freundin in ihrer neuen Wohnung besucht. Ich fühlte mich ausgelaugt und hatte ein bisschen geschlafen, als ich nach Hause gekommen war. Ich hatte Kopfschmerzen. Die letzten Tage waren viel. Viele Gefühle, viele Worte, viel Inhalt. Viel Nina. Aber doch zu wenig wirkliche Nina. Ich hörte einen kurzen Podcast zum Thema Selbstbewusstsein. Zu sich finden und sich Auszeiten nehmen. Me-Time. Ja, das ist in den letzten Tagen unter gegangen. Ich beschloss etwas zu kochen. Ohne Handy, ohne Musik, ohne Fernseher im Hintergrund. Einfach Sein. Den Moment genießen. Ich aß am Esstisch, was ich sonst nie machte. Für mich alleine. Auch hier ohne jegliche Ablenkung. Ich genoss diesen Moment. Die Sonne, die frische Luft, die durch die geöffnete Balkontür herein kam. Ich genoss das Essen. Ich konnte mich nicht erinnern, wann ich das letzte Mal so gut und so intensiv gegessen hatte. Jeder Bissen war ein Gedicht. Ich aß langsam. Und siehe da, ich war bereits nach dem ersten Teller satt. Ich war zufrieden und beschloss die letzten Sonnenstrahlen ebenfalls zu genießen und mich auf den Balkon zu legen. Ich holte meine Sonnenbrille, ein Handtuch und mein derzeitiges Buch „Mögest du glücklich sein" von Laura Malina Seiler. Thema des heutigen Kapitels: Vergebung. Und eine Anleitung zur Meditation. 20 Minuten nur für mich. Das kam ja genau zur richtigen Zeit. Ich atmete tief ein und aus und schloss meine Augen…

Aus der Ferne sah ich jemanden auf mich zukommen. Schlagartig schoss mein Puls in die Höhe. Es war mein Stiefvater. Ich hatte ihn seit fast sieben Jahren nicht mehr gesehen. Ich hatte mir immer mal wieder vorgestellt, wie es wohl sein würde, wenn er plötzlich vor mir stünde. Wie ich reagieren würde. Wie er reagieren würde. Was passieren würde. Nun würde es gleich soweit sein. Er kam auf mich zu und stand plötzlich vor mir. Zwar spielte sich diese Begegnung nur in meinen Gedanken ab und doch fühlte sie sich sehr real an. Ich schaute ihn an. Schaute ihm in die Augen. Ich spürte, wo meine Angst saß und legte erst eine Hand, dann die andere auf genau die Stelle an meinem Körper, an der ich meine Angst spürte, unter meiner Brust. Mein innerer Kern, in der Nähe meines Herzens. Ich spürte mich. Kam wieder zu mir. Atmete langsamer und bewusster ein und aus. Mein Puls kam allmählich zur Ruhe. Ich war bei mir. Ich wusste, wer ich bin. Ich fühlte mich. Ich fühlte mich stark. Ich schaute ihn an und sagte zu ihm: „Ich weiß, warum du mir gegenüber so gehandelt hast wie du gehandelt hast! Du hast aus Neid gehandelt. Aus deiner eigenen Traurigkeit heraus. Du hast es nicht geschafft aus deiner eigenen Vergangenheit heraus zu kommen, abzuschließen und daraus zu lernen. Du hast in deinem eigenen Hass festgesteckt. Du konntest dich nicht von deinen Eltern, die dich nicht richtig behandelt haben, lösen. Du hast aus Angst gehandelt. Du hast aus dem Bewusstsein gehandelt nicht genug zu sein! Du hast aus deiner eigenen Verletzlichkeit heraus gehandelt."

Ich schaute ihn in meinen Gedanken an. Meine Augen waren noch immer noch geschlossen. Ich sagte den Satz, der Teil der Meditation war:

„ICH VERGEBE DIR, ICH VERGEBE DIR, ICH VERGEBE DIR".

Tränen strömten in meine Augen. Es fiel ein riesiger Stein von mir ab. Noch einmal hörte ich mich sagen „ICH VERGEBE DIR".
Ein erlösendes letztes Mal. Es tat wahnsinnig gut. Ich weinte. Kurz. Aber heftig. Nur für mich. Es war reinigend. Der nächste Schritt der Meditation war es sein eigenes Licht zu verbreiten. Ich löste ganz langsam meine Finger von meinem Körper. Erst wieder die eine Hand, dann die andere. Ganz langsam. Ich brauchte noch einen Moment und löste meine Hände nicht ganz von meinem Körper. Ich musste mich gerade fühlen. Nach ein paar weiteren Atemzügen lösten sich beide Hände. Ich ließ sie über meinem Körper schweben. Ich breitete meine Arme aus und teilte mein Licht. Ich ließ meinem Stiefvater in Gedanken mein Licht zukommen. „ICH VERGEBE DIR". Ja, das machte ich. Aus tiefstem Herzen. All die Jahre hatte ich diese Last mit mir getragen. In mir getragen. Es war erlösend. Befreiend. Ich weinte. Ich schluchzte. Meine Last fiel gänzlich ab. Ich atmete tief ein und aus. Öffnete meine Augen. Das erste, was ich sah? Das allererste worauf mein Blick unbewusst fiel? Eine Blume auf meinem Balkon. Bloom Baby!! Öffne dich. Blühe. Vergebe. Lebe. JA! Genau das ist mein Ding, das möchte ich. Das möchte ich anderen mitgeben. Ich schaute die Blume an. Verarbeitete meine Gedanken und lachte. Ich lachte vor Glück. Ich strahlte. Heller und weiter als jemals zuvor. Ich stand auf, ging in meine Wohnung, holte meinen Laptop und da waren wir nun.

An einem Tag, wie jeder andere auch, der ganz schnell zu einem Tag geworden war, der mein Leben veränderte.

Alles hat seinen Sinn

Dieser Satz war in den letzten Monaten mein Lebensmotto geworden. Es hat seinen Sinn, dass ich an genau diesem Tag die Vergebungs-Meditation gemacht habe. Es hat seinen Sinn, dass ich genau in dieser Wohnung saß, mit genau diesem Balkon, mit genau der Blume vor mir, die mich an mich selbst erinnerte. Es hat seinen Sinn, dass mein Stiefvater so gehandelt hatte wie er gehandelt hat. Es hat seinen Sinn, dass ich damals mit dieser Last nicht zurecht kam. Es hat seinen Sinn, dass ich erst heute vergeben konnte. Alles hat seinen Sinn. Wirklich alles. Egal wie düster und schlimm eine Situation ist, die Welt dreht sich weiter, dein Leben geht (anders) weiter und ein paar Tage, Wochen oder auch Jahre später erkennst du den wirklichen Sinn hinter allem.

Es hat seinen Sinn, dass ich genau jetzt auf dieser Welt bin. Das genau du gerade auf dieser Welt bist und auch, dass du dieses Buch soeben in den Händen hältst und liest. Es verinnerlichst. Es an dich ran lässt. Sehe den Sinn in allem. In jedem, dem du begegnen wirst. Ohne meine Erfahrungen, die ich im Laufe des Lebens gesammelt habe, ohne all die Begegnungen und Beziehungen zu den verschiedensten Menschen, ohne alles schlechte, alles Gute, was mir widerfahren ist, wäre ich nicht der Mensch, der ich heute bin. Hätte dieses Buch nie geschrieben und vermutlich nie mit dem Gedanken gespielt, Menschen mit meinem Worten auf diese Weise zu berühren.

An dem Tag der Vergebungs-Meditation erhielt ich eine wunderbare Sprachnachricht von einer Freundin, in der sie mir ganz wundervolle Gedanken und Gefühle mit gab und mal wieder zeigte sich, dass wir (alle) miteinander verbunden sind. Denn ohne zu wissen, was genau in den letzten Tagen bei mir los war, ohne zu wissen, wie ausgelaugt ich mich heute morgen noch fühlte, traf sie genau diese Gefühle und genau meine Themen mit ihren Worten. Balsam für die Seele. Sie erklärte mir, dass der Monat Mai ein ganz wichtiger Monat sei. Ein Manifestations-Monat im übertragenen Sinne. Sie sagte mir, dass der 05. Mai, der zufällig an diesem Tag war, der beste Tag sei, um Ideen kommen zu lassen, kreativ zu werden und das alles wirken zu lassen. Sich selbst Zeit zu geben. Seinen Ideen Zeit zu geben. Dem was man erarbeitet Zeit zu geben und auch auf sich wirken zu lassen. Es zu spüren, ohne direkt nach vorne zu powern. Das Wunderschönste daran? Sie verwendete folgende Worte: „Ganz viele Dinge, die in den Monaten vor dem Mai gesät wurden kommen jetzt zum tragen und blühen auf. Ganz viele kreative neue Sprösslinge sind da, die gesehen werden wollen."

Zufall, dass ich gerade heute diese Blume auf meinem Balkon sehe? Dass meine Freundin mir genau heute diese Nachricht zukommen lässt? Was meinst du?
Ich würde sagen die Antwort lautet: „Alles hat seinen Sinn".

Dankbarkeit

Nach der oben beschriebenen Vergebung folgte in einigen Wochen Abstand die nächste Vergebung. Ich vergab mir selbst. Ich vergab mir, dass ich mich in der Vergangenheit selbst klein gemacht hatte und von anderen hab klein machen lassen. Ich vergab mir, dass ich mich selbst verletzt hatte. Ich vergab mir, dass ich mich nicht gut um meinen Körper, meine Bedürfnisse und Wünsche gekümmert hatte.
Und z
ur Vergebung gesellte sich nun noch ein anderes Gefühl: Dankbarkeit.

> Es sind nicht die Glücklichen, die dankbar sind.
> Es sind die Dankbaren, die glücklich sind.
> Francis Bacon

Ich wurde dankbarer für alles, was mir auf meiner Reise geschehen war. Für alle Menschen, die mir auf meiner Reise begegnet waren.

Alle Situationen, dich ich gemeistert hatte. Aber auch für die Situationen, die ich nicht geschafft hatte. Die Momente, in denen ich nicht das bekommen hatte was ich wollte. Ich lernte, das diese Dinge, Menschen und Moment, nicht für mich bestimmt gewesen waren. Ich lernte mein Leben und alles was dazu gehörte noch mehr zu schätzen und nahm es dankend an.

Wofür bist du dankbar? Welche drei Dinge fallen dir intuitiv ein? Führst du vielleicht sogar schon ein Dankbarkeits-Tagebuch?

Um die Kraft der Dankbarkeit, die Kraft positiver Gedanken, Gefühle und somit einer positiven Lebenseinstellung in aller Deutlichkeit zu demonstrieren, findest du im folgenden zwei Bilder von mir.

Zwischen diesen beiden Bildern liegen 5 Jahre, 2 Beziehungen, 4 Umzüge, etliche Tränen, wunderschöne Erkenntnisse, lehrreiche Begegnungen, 1 Moment der absoluten Verzweiflung und eine Liebe die mir das Vertrauen ins Leben wieder gegeben hat:
Die Liebe zu mir selbst.

Diese Bilder markieren den Anfang meiner persönlichen Weiterentwicklung und das Resultat aus der Arbeit mit sich selbst und der Liebe zu sich selbst. Denn das interessante dabei? Zwischen beiden Bildern liegt kein Gramm Unterschied. Ich wiege auf beiden Bildern exakt gleich viel!
Was ich anstelle von einigen Kilos losgeworden bin? Negative Gedanken, limitierende Glaubenssätze und unehrliche Beziehungen.

Da soll noch mal einer sagen, man sehe einem inneren Frieden äußerlich nicht an.

Erkenntnisse

Vier Tage Prag mit meinen Mädels liegen hinter mir. Zwei von vier Tagen konnte ich in vollen Zügen genießen. Wir haben viel gesehen, viel geredet und noch mehr gelacht. Ich war völlig ich selbst und habe mich einfach wohl gefühlt. Doch an Tag Nummer drei ging es mir bereits nach dem Aufwachen nicht mehr so gut. Wir gingen zum Frühstück. Ich war gereizt und hatte ziemliche Bauchkrämpfe. Das hatte ich ziemlich selten und das letzte Mal war auch bereits einige Jahre her gewesen. Irgendetwas stimmte nicht. Nach dem Frühstück machten wir uns in Ruhe fertig und fuhren in die Stadt. Selbst nach einer Beruhigungstablette für den Bauch wurde es nicht besser. Wir setzten uns in ein Café und beratschlagten, was am besten wäre.

Wir hatten einen Abend zuvor eine Stadttour gebucht. Zu Fuß, mit dem Bus und dem Boot. Dreieinhalb Stunden. Ich entschied mich dafür die Tour nicht mitzumachen, sagte den Mädels zum wiederholten Male, dass sie kein schlechtes Gewissen haben brauchten und bitte ohne mich die Stadttour machen sollten und machte mich auf den Rückweg ins Hotel. Ich verpasste die Bahn um einige Sekunden. Ich setzte mich und atmete einige Male tief durch. Die nächste Bahn kam schnell. Das Wackeln, was ich bei den letzten Fahrten überhaupt nicht auf dem Schirm hatte, machte mir jedoch zu schaffen. Im Hotel angekommen bog ich um die Ecke zu unserem Zimmer und musste feststellen, dass die Putzfrau gerade in vollem Gange war. 900 Zimmer und unseres wird natürlich genau in diesem Moment gereinigt. Ich musste lachen und schickte den Mädels ein Bild des vor unserem Eingang geparkten Reinigungswagens. Es dauerte zum Glück nicht lange und ich konnte ins Zimmer. Die Übelkeit erlangte ihren Höhepunkt. Es ging mir etwas besser, jedoch fühlte ich mich natürlich schlapp. Ich schlief. Wachte auf. Besuchte die Toilette. Schlief, wachte auf und so weiter und so fort. Über mehrere Stunden. Meine Mädels hielten mich mit Fotos von der Stadtführung auf dem Laufenden. Ich steckte zwischendurch den Kopf aus dem Fenster um frische Luft zu schnappen, jedoch kam mir ein dermaßen schwüler Hauch entgegen, dass ich noch zufriedener war nicht mitgegangen zu sein.

Ich genoss in den Abendstunden den Blick auf den Sonnenuntergang aus unserem Fenster, ergänzte diesen Ausblick mit einem kurzen Spaziergang durch unser Zimmer und schaute ein bisschen Fern (übrigens weiß ich jetzt, dass Otter in einer Stunde 1.500 Seeigel verspeisen können!). Die Mädels kamen gegen halb 12 zurück und versorgten mich mit Wasser, Salzstangen und ihren Erlebnissen des Tages. Sie hatten bereits geklärt, dass wir anstatt um 11.00 Uhr um 13.00 Uhr am nächsten Tag aus unserem Zimmer raus mussten um aus zu checken. Wir erzählten noch ein bisschen (natürlich teilte ich meine neu erworbenen Otter-Kenntnisse) und schliefen allesamt schnell ein.

Ich war zwar traurig, dass ich die Tour nicht mitmachen und den Tag nicht nutzen konnte, war jedoch nicht eine Sekunde böse oder negativ eingestellt. Früher hätte ich mir selbst die Schuld für mein krank sein gegeben. Heute hatte ich es angenommen für das was es war, entschieden, was das beste für mich in dieser Situation war und hatte das „Beste" daraus gemacht.

So ging es mir auch vor ein paar Wochen. Ich war ich mit Freunden ein Wochenende Campen. Wir kamen freitags an, grillten abends gemütlich, tranken ein bisschen was, quatschten viel und schliefen wenig (was durchaus daran liegen könnte, dass wir zu viert in einem Dreimann-Zelt lagen). Der nächste Tag war sehr heiß. Wieder quatschten wir viel, tranken mehr als am Tag zuvor und ein Lacher jagte den nächsten. Ein wunderschöner, jedoch vor allem für mich Hochsensibelchen anstrengender Tag. Gegen Mittag fing es plötzlich an zu regnen. Ich liebe es bei Regen im Zelt zu liegen und entschied zusammen mit einer Freundin ein bisschen zu schlafen. Nach dem Regen und dem Schlaf entschied die Truppe auf einen Berg zu steigen, um die Aussicht zu genießen. Ich war jedoch überhaupt nicht aufgelegt viel zu laufen und entschied mich dafür im Camp zu bleiben. Früher ebenfalls undenkbar. Was, wenn ich was verpasse? DEN Lacher verpasse! Oh Gott, was wenn jemand über mich reden würde? Gut, dass ich diese Gedanken bereits vor Jahren ablegt hatte und mich nun ganz entspannt sonnen und etwas lesen konnte. Herrlich. Nach ein paar Stunden erhielt ich einen Anruf, dass ich mal hoch schauen sollte und ich erblickte alle Mann auf dem Berg, die mir fröhlich zuwinkten.
Ob wohl jemand schlecht über mich redete? ..

Das erste Mal, dass ich spürte, dass ich selbst im Urlaub Zeit für mich brauchte und es ein Segen für alle ist, wenn man auf das hört, was man gerade braucht, war vor ein paar Jahren im Ski Urlaub mit meinem damaligen Freund und seiner Familie. Insgesamt waren wir eine Woche vor Ort. Mitte der Woche standen wir nach dem Frühstück, wie jeden Morgen, auf den Skiern und fuhren den gewohnten

Weg zum Ski Lift. Eine einfache Strecke von circa fünf Minuten. Doch an diesem Morgen wollte nichts klappen. Ich fiel drei Mal hintereinander hin und hatte gar keine Lust mehr aufzustehen. Ich entschied ganz intuitiv, dass ich nicht mit in den Lift einstieg, sondern zurück ins Hotel fuhr. Was für eine Wohltat. Ich lag den ganzen Tag im Bett, las und genoss den wundervollen Blick vom Hotelzimmer auf die Piste. Ich ging eingemummelt mit meiner Decke auf den Balkon und freute mich, als ich die drei abends glücklich auf ihren Skiern ankommen sah. Wir alle waren glücklich und zufrieden und hatten einen wunderbar entspannten Tag gehabt.

Früher habe ich nicht auf mich, meinen Körper und meine Bedürfnisse gehört. Ich habe mich immer anderen angepasst. Ob ich Lust darauf hatte oder es gerade das war, was ich wollte oder brauchte, war egal. Es war mir egal und allen anderen auch. Denn ich zog das an, was ich selbst ausstrahlte. Ich trug eine Maske und versteckte mich die erste Zeit sehr gekonnt hinter dieser. Ich lies mir nichts anmerken. Doch jede noch so gute Maske kann die wahren Gefühle und Bedürfnisse irgendwann nicht mehr verstecken. Ich wurde zickig und konnte mich selbst nicht mehr leiden. Ich versuchte jedoch weiterhin hinter meiner Maske und das Leben anderer Leute zu leben. Mein Körper gab mir bereits damals Signale, die ich noch gekonnter, als mich hinter der Maske zu verstecken, ignorierte. Ich hatte Kopfschmerzen, wollte es jedoch nicht zugeben und ging mit feiern.
Resultat war natürlich, dass sich mein Körper mehr und mehr wehrte, je näher wir der Party kamen. Denn er wusste, dass das nicht das Richtige für mich war. Er ließ mich auf die harte Tour spüren, dass ich besser auf ihn hören sollte. Kopfschmerzen, Nacken- und Rückenschmerzen bereits Anfang zwanzig. Ich war verspannt. Denn das Wort „entspannt" war damals noch ein Fremdwort für mich. Ich war eifersüchtig. Auf andere. Auf das Leben anderer. Ich machte mich und mein Leben klein. Ich sah nur das Negative, das Schlechte. Ich war nicht gut genug. Nicht für mich selbst und somit auch nicht für andere. Ich könnte das alles noch vertiefen, jedoch möchte ich nicht in Negativität versinken, sondern meinen Weg heraus aus dieser Negativität beschreiben. Deshalb kürze ich das ganze etwas ab und sage: All das beschreibt mein altes Ich, welches du bereits innerhalb

des Ausfluges auf Mallorca kennen gelernt hast.

Mein neues Ich ist, wie du bereits erfahren konntest, ganz anders. Es gab in meinem Leben nicht nur DEN EINEN Punkt, an dem ich merkte, dass ich gerne etwas an meinen Einstellungen zum Leben ändern wollte. Es gab mehrere Augenblicke in meinem Leben, an denen mir bewusst wurde, dass ich etwas ändern wollte. Und zwar für mich und keinen anderen. Auch diese Erkenntnisse gehören alle zu meinem Weg. Sie sind Teil meines Weges und es werden wohl noch viele Erkenntnisse auf mich warten.

Eine meiner Erkenntnisse machte ich einige Tage vor Weihnachten und dem Jahreswechsel vor einigen Jahren. Ich lag auf der Couch und schaute mir einen riesigen, bunten von mir selbst gestalteten Bilderrahmen mit wundervollen Fotos des letzten Jahres an. Er brachte mich mit einem Blick zurück zu all den tollen Menschen und Momenten, die diese Bilder festhielten und brachte mich zu einer Erkenntnis, die mich Dankbarkeit über mein eigenes Leben, meine Person und meine Reise spüren ließ:

Der Moment der Erkenntnis

Man erkennt ihn. Man erkennt sie. Die Erkenntnis.
Die Erkenntnis, dass man all das hat, wofür es sich zu leben lohnt.
Familie, Freunde, Gesundheit, Kreativität & Phantasie, einen Job, der einem Spaß macht, ein Dach über dem Kopf, einen vollen Kühlschrank und nebenbei noch ein Haufen Luxus, den man im Alltäglichen als selbstverständlich ansieht..

Aus diesen Dingen formt man seine Zukunft, seine Momente, sein Leben. Der Rest folgt und die Vergangenheit, die erkenntnisfreie Vergangenheit schrumpft mit jedem Moment, mit jeder neuen Erinnerung, mit jedem Atemzug in dem man l(i)ebt..

Eine weitere, großartige und große Erkenntnis, die ich vor kurzem in einer Meditation machte, war die Erkenntnis, das mein 80jähriges ich mir eine ganz wunderbare Erkenntnis mit auf meinen Weg gab. Die Erkenntnis lautete

Lebe dein Leben

Lebe dich. Lebe dich so wie du bist. Liebe dich so wie du bist.

Ich beschreibe euch im Folgenden meine Begegnung mit meinem 80 jährigen Ich während dieser Meditation.

Ich sah nicht viel von mir selbst, außer meinen nun etwas älteren, tätowierten Arm. Was ich jedoch eindeutig sah war eine glückliche Zukunft. Ich sah mich selbst in einem großen Garten. Meinem eigenen Garten, vor meinem eigenen Haus, in welchem nun meine Kinder mit ihren Kindern lebten und mich zu meiner Geburtstagsfeier eingeladen hatten. Mein Mann, meine Kinder, meine Enkel und meine Freunde saßen um mich herum. Sie lächelten liebevoll in meine Richtung. Ich bekam mein eigenes Buch geschenkt und ein weiteres Buch mit meinem Leben. Bilder, Sprüche, Wünsche. Meine Kinder und Enkelkinder hatten sich viel Mühe gegeben. Das Wichtigste, was sie mir jedoch schenkten: Ihre Zeit und somit ihre Liebe. Das Wichtigste, was ich mir selbst schenkte: Ein erfülltes und liebevolles Leben, auf das ich gerne zurück blicke.

Mein 80 jähriges Ich hat mir folgendes geraten: Lebe dein Leben!

Das mache ich. Ich bin dabei und ab heute noch intensiver und voller Vorfreude eines Tages auf diesen wundervollen Weg - meinen Lebensweg - zurück zu blicken mit einem liebevollen Lächeln mir selbst gegenüber.

Schlusswort
Der Weg ist das Ziel

Nun hast du viel über meinen Weg und vor allem meine Reise(n) gelesen. Ich hoffe ich kann dir ein guter Wegbegleiter auf deinem Weg und deiner Reise sein. Denn es geht um dich. Es geht um deinen Weg und deine Reise. Deine Reise zu dir selbst. Es sind nicht immer unsere Ziele, die uns ausmachen, sondern es ist der Weg den wir gegangen sind und noch gehen werden. Was zählt ist, wer du auf deinem Weg wirst. Was zählt ist, dass du wachsen wirst. Dass du mutig sein wirst. Dass du selbstbewusst, selbstreflektiert und selbstliebend wirst und bleibst. Dein Denken wird sich verändern. Mitunter wird sich auch dein Ziel verändern oder du selbst wirst dein Ziel anpassen. Doch es geht primär um den Weg. Deinen Weg. Dein Leben. Lebe und liebe deinen Weg. Und wenn sich dein Ziel nicht nur verändert, sondern durch ein anderes Ziel ersetzt wird, dann lass es zu. Wenn du dein Ziel nicht erreichst, dann ist das nicht schlimm. Wir müssen nicht all unsere Ziele erreichen. Es geht nicht darum uns zu konditionieren nur auf unser Ziel hin zu arbeiten, es geht darum uns zu fokussieren unseren Weg zu genießen. Jeden Tag zu genießen. Jeden Moment. Wir werden Menschen in unser Leben ziehen, die uns auf unserem Weg begleiten. Genieße jede Bekanntschaft und nimm sie dankend an. Nicht all diese Menschen werden dich deinen gesamten Weg begleiten. Nimm auch das an. Du wirst neue Orte, Länder vielleicht sogar Kontinente kennen lernen. Traditionen, Kulturen, Religionen. Nimm all das dankend an. Erfreue dich an jedem Tag, den du lebst. Den du leben und erfahren darfst. An jedem Tag gehst du deinen Weg. Dein Weg ist das Ziel! Dein Leben ist eine Reise. Jeden Tag, auf deinem Weg, reist du ein bisschen mehr zu dir selbst. Genieße dich selbst. Genieße dein Leben. Genieße deinen Weg und deine Reise.

Travel to you

Your baggage is you fear.
At several times in your life you have to lose your baggage to begin to travel.

Nina Schöben